本书为湖北省高等学校哲学社会科学重大项目"信息化视域下湖北⋯
阶段性成果；中南财经政法大学中央高校基本科研业务费项目"⋯
设置的基本经验与制度创新研究"（项目编号：272202⋯

湖北高校推进"大思政课"建设的
新趋势与新路径研究

周　巍◎著

团结出版社

UNITY PRESS

图书在版编目（CIP）数据

湖北高校推进"大思政课"建设的新趋势与新路径研究 / 周巍著． -- 北京：团结出版社，2023.12
ISBN 978-7-5234-0619-9

Ⅰ．①湖… Ⅱ．①周… Ⅲ．①地方高校－思想政治教育－研究－湖北 Ⅳ．① G641

中国国家版本馆 CIP 数据核字（2023）第 219687 号

出　　版：团结出版社
　　　　　（北京市东城区东皇城根南街 84 号　邮编：100006）
电　　话：（010）65228880　65244790
网　　址：http://www.tjpress.com
E － mail：zb65244790@vip.163.com
经　　销：全国新华书店
印　　刷：武汉鑫佳捷印务有限公司

开　　本：170×240 毫米　1/16
印　　张：11.75
字　　数：168 千字
版　　次：2023 年 12 月　第 1 版
印　　次：2023 年 12 月　第 1 次印刷

书　　号：978-7-5234-0619-9
定　　价：68.00 元

目　录

第一章　湖北高校推进"大思政课"建设的背景、意义及特点

　　"每一个时代的理论思维，包括我们这个时代的理论思维，都是一种历史的产物，它在不同的时代具有完全不同的形式，同时具有完全不同的内容。"①"大思政课"建设正是在中国特色社会主义进入新时代、思想政治教育不断改革创新的实践中孕育而来。新中国成立以来，在党和国家的高度重视下，思想政治教育课建设经历了三个不同阶段。一是整体建制时期。新中国成立初期，国家明确要求废除政治上的反动课程，开设新民主主义的革命政治课程，树立发展为人民服务的思想。在此基础上，教育部开设了"辩证唯物主义与历史唯物主义""中国革命史""政治经济学""马列主义基础"四门奠基性思政课程，标志着思政课整体建制的初步完成。二是"两课"建设时期。党的十一届三中全会后，面对改革开放的时代新要求和社会主义精神文明建设的新任务，我国进一步优化了课程建设的相关元素，特别提出要着重联系我国社会主义现代化建设的实际和学生的思想实际，探索将社会实践作为一种教学形式列入教学活动中，而后正式将

---

　　① 弗里德里希·恩格斯. 马克思恩格斯全集（第二十六卷）［M］. 中央马克思恩格斯列宁斯大林著作编译局，译. 北京：人民出版社，2014：499.

思想品德教育纳入思政课程体系之中，思政课建设从此进入了"两课"阶段。三是"思想政治理论课"时期。这一时期我国构建了覆盖高校专科生、本科生、研究生的思想政治理论课程新体系，突出了课程体系的整体性、课程内容的互补性、课程主题的贯通性、课程层次的递进性等特征，为进一步加强和改进大学生思想政治教育提供了政策遵循。从思政课的发展历程可以看出，思政课始终遵循课程发展规律，推动课程形态从"马列主义理论课程"到"两课"再到"思想政治理论课"的发展演变。

进入新时代，面对世情、国情、党情和民情的不断变化，党和国家从实现中华民族伟大复兴的战略高度出发，围绕思想政治教育工作和思政课建设，召开了多次重要会议，出台了多项重要文件，营造了全党全社会共同努力办好思政课的良好氛围，推动思政课进入到"大思政课"的全新发展阶段。党的十八大以来，尤其是 2019 年学校思政课教师座谈会以来，思政课的面貌发生了格局性变化，取得了历史性成就。党对思政课建设的领导全面加强，习近平新时代中国特色社会主义思想铸魂育人的成效愈加显著，教师队伍建设取得了突破性进展，教学改革创新的支撑保障更加有力。然而，我们也应该清醒认识到，在充分肯定成绩的同时，思政课还存在课堂教学与现实脱节、重课堂教学轻实践教学、说理不深刻、不透彻、不鲜活等问题。在时代条件与教育对象思想特征不断变化的当下，仅凭现有的单向度教学难以满足新时代大学生对思政课的期待，思政课建设面临的各种问题倒逼思政课进一步改革创新。"大思政课"的出场，是思政课建设坚持问题导向和目标导向的统一。善用"大思政课"成为激发思政课内生动力、实现思政课内涵式发展的最新理念和重要抓手，是回应当前思政课面临的现实挑战、破解思政课建设突出问题的有效路径。

"大思政课"建设是湖北高校教育改革的重中之重。湖北省作为教育大省和人才大省，青年学生的规模和数量均居于全国前列。他们是最能适应社会变化的群体，他们的行为选择、心理变化和价值观变化最能折射出所处时代的社会现实。他们或者认同市场经济的利益原则而走向极端功利；或者认同柏拉图、黑格尔的理念绝对化而希望通过书本走向精神清高；或者认同网络世界的价值标准而崇尚虚拟世界的风景；或者认同知识经济的价值评价而选择科技、创新为奋斗目标，等等。从客观上来说，体制改革引发了社会对新思想、新思潮、新观念、新舆论导向的需求；而主观上来说，知识精英历来都充满了对社会的责任感和使命感，这种内在动力驱使着他们去思考和研究新出现的理论和现实问题。在这样的背景下，如何正确引导青少年学生，防止错误思想的侵蚀，变得非常重要。基于此，湖北省高度重视善用"大思政课"对青年群体的价值取向进行正确引导，积极推进"大思政课"建设，为全面建设社会主义现代化国家，创造良好的人文环境和奠定可靠的人才基础。

第一节　推动"大思政课"建设是立足"两个大局"的现实需要

习近平总书记强调："当前形势下，办好思政课，要放在世界百年未有之大变局、党和国家事业发展全局中来看待，要从坚持和发展中国特色社会主义、建设社会主义现代化强国、实现中华民族伟大复兴的高度来对待。"[①] 作为思政课的延伸和拓展，"大思政课"必然具备思政课的属性、意义和要求，并且它的产生和发展也是教育现代化的必然要求。

从国际环境来看，世界正处于百年未有之大变局。21 世纪以来，国际格局发生了深刻变化，以中国为首的发展中国家在国际事务中扮演着越来越重要的角色，国际政治局势出现"东升西落"的新趋势，世界经济中心由西方向东方转移，全球治理正在由西方治理向全球共同治理转变，世界交往方式和人民生活方式发生了巨大改变，这些变化的本质是西方中心论的破产。中国特色社会主义道路探索所取得的伟大成就，有力地驳斥了过去西方所谓的"中国威胁论"和"历史终结论"。经过百年奋斗，中国人民在中国共产

---

① 习近平. 思政课是落实立德树人根本任务的关键课程［J］. 求是，2020（17）：7.

党的坚强领导下，成功地探索出了中国特色现代化道路，创造了人类文明新形态，为解决人类文明向何处去的重大时代问题提供了中国智慧和中国方案。习近平在中国共产党成立一百周年讲话中指出"今天，我们比历史上任何时期都更接近、更有信心和能力实现中华民族伟大复兴的目标"[1]，新时代的中国青年作为"强国一代"生逢其时，施展才华的舞台更加宽阔，作为思想政治教育工作者，更要教育、引导好青年。要善用"大思政课"，保持胸怀天下的情怀，拓展世界眼光，深刻洞察人类发展进步的潮流，用彻底的理论、鲜活的案例回答学生之问和时代之问。"大思政课"之大，体现在将中国问题置于整个人类社会发展的大格局中去解读，通过正确认识中国特色和国际比较，讲好中国共产党百年奋斗史、世界社会主义发展史和人类社会发展史，教育引导学生理解和认识"两个大局"的内在关联，坚定不移地走中国特色社会主义道路，坚持构建人类命运共同体。

从国内环境来看，中国特色社会主义进入了新时代，中华民族伟大复兴进入不可逆转的历史进程。作为立德树人的关键课程，大思政课面对的是实现中华民族伟大复兴中国梦的关键一代人，因此其使命更加艰巨。"大思政课"的出场，拓展了思政课贯通古今中西的视野，锻造了理论与社会现实之间的桥梁，彰显了思政课的"大格局""大空间"和"大形象"。然而，要讲好大思政课，不能干巴巴地宣读文件，而是要着眼于思政课的社会衔接问题，即思政课的社会对接与社会转换机制，通过聚焦社会现实，拓展思政课教学的社会视野，不断扩展思政课的社会运行空间，优化思政课与社会的良性对接和互动机制，教育引导学生在中国共产党治国理政的生动实践和精彩故事中厚植爱国情怀，坚定"四个自信"。新时代新征程要求"大思政课"建设要立足于"两个大局"，胸怀"国之大者"，通过充分挖掘鲜活的时代生活素材，在广阔的社会空间里进行课程资源转换，借助社会大课堂，拓展思政小课堂，引导学生感悟中国共产党人的历史主动精神，树立坚定的历史自信，在实现中国梦的生动实践中，激扬青春理

---

① 习近平. 在庆祝中国共产党成立100周年大会上的讲话［M］. 北京：人民出版社，2021：17.

想的历史使命和责任担当。

此外，建设教育强国是中华民族伟大复兴的基础工程。其中思想政治教育作为中国特色社会主义教育发展道路的根基和底色，也需要在"守正"的同时积极"创新"。在新阶段，"大思政课"理念是嵌套在党和国家的人才战略、高等教育的发展战略之中，从而实现一体化设计、一体化推进的。由此，我们不能孤立地看待"大思政课"，而要从中国发展的历史方位来理解和把握"大思政课"来由。一方面，人才强国战略催生思想政治教育转型。国家发展靠人才，民族振兴靠人才。"实现我们的奋斗目标，高水平科技自立自强是关键"。为此，"我们必须增强忧患意识，更加重视人才自主培养，加快建立人才资源竞争优势"，"大力培养使用战略科学家"。① 随着我国教育的普及发展，国内人才储备量不断增加，但高端人口缺口较大，尤其缺乏具有战略思维的高端复合型人才。高端人才所需要的综合素养，尤其是政治素养，是推进人才强国战略的关键。方向问题是根本性的问题，青年学生的价值取向决定未来整个社会的价值取向，决定中华民族的长久竞争力，关系到中国特色社会主义事业是否后继有人。可见，加强思政课建设是推进人才强国战略中的重要一环，"扎根中国大地办教育"就是要想国家之所想、急国家之所急、应国家之所需。建设高质量的思政课，就是要让学生在思政课上能够"一点点放大眼光"，不仅懂得"低头拉车"，还要学会"抬头看路"，在未来的路途上坚持面向世界科技前沿、坚持面向经济主战场、坚持面向国家重大需求、坚持面向人民生命健康。

另一方面，扎实推进人才强国战略需要有与之相适应的人才培养模式，这是从"培养什么人"到"怎样培养人"的逻辑追问。从思政课到"大思政课"，虽然只有一字之差，但其视野格局、课程体系和课程形态都得到了进一步优化。"大思政课"建设适应新时代人才培养的需要，调整培养

---

① 习近平. 深入实施新时代人才强国战略 加快建设世界重要人才中心和创新高地［J］. 求是，2021（24）.

模式,将思政课目标系统融入教育教学各环节,成就"大思政"育人格局。"大思政课"的出现加强了课程思政和思政课程的协同发展,找准专业课程与思政课程在教学目标上的结合点,使得思政课程更加贴合学生的专业背景,让专业课程更加具备对学生进行价值塑造的意蕴。此外,"大思政课"强化课堂教育和课外教育在教学主题上的协同发展,将思政课程教育的系统性、学理性与课外教育活动的时代性、鲜活性有机结合,从而实现学生知、信、行的和谐统一。"大思政课"建设依托高校思政工作体系,把立德树人融入实践教育之中。通过实践育人,有利于培养学生在参与和体验中证实知识、重构知识的能力,增强理论联系实际的能力。

第二节　习近平新时代中国特色社会主义思想指导"大思政课"建设

党的十八大以来,以习近平同志为核心的党中央高度重视思政课建设,习近平总书记围绕思政课建设和"大思政课"建设发表了一系列重要讲话、作出一系列指示批示,更新了思政课程观念,揭示了思政课程建设的内在规律,指明了思政课建设和改革的方向。2021 年 3 月 6 日,习近平总书记在看望参加全国政协十三届四次会议的医药卫生界、教育界委员并参加联组会时的讲话中明确提出"大思政课"的概念。2022 年 4 月,在视察中国人民大学时,从大中小学思政课一体化建设的角度,对"大思政课"建设进一步提出要求。习近平总书记"大思政课"理念的提出,是思政课程观念的一次深刻革命,是"大思政课"建设的理论遵循。

习近平总书记的"大思政课"理念涉及思政课建设的主要领域,总书记首先把思想政治教育置于整个高等教育阶段来考察其对学生的影响,提出了在高等学校中课堂教学是主渠道,思政课是落实立德树人的关键课程,其他课程要与思政课同向同行;其次,总书记提到思政课应发挥主阵地作用,学校思政课要与日常思想政治工作、社会实践活动、校园文化建设相结合;最后，总书记强调要处理好"线上与线下""键对键""面对面"的关系，利用现代技术使思想政治教育活起来。这构成了一个相互联系、相互支撑的动态发展的整体。由此来看，"大思政课"是新时代推动思政课守正创新、新时代新发展阶段落实立德树人根本任务理论创新和实践创新的重要成果，但从本质属性来看，它仍属于思政课范围，是巩固马克思主义在学校意识形态领域指导地位、坚持社会主义办学方向的重要阵地，是全面贯彻落实党的教育方针，培养社会主义事业合格建设者和可靠接班人，落实立德树人根本任务的主渠道，是进行社会主义核心价值观、帮助学生树立正确的世界观、人生观和价值观的核心课程。从大思政课的缘起来看，破解高校思想政治教育的"孤岛"困境，借助课程合力落实立德树人根本任务是高校大思政课建设的主要目的，其基本内涵主要体现在以下几个方面。

第一，思政课是落实立德树人根本任务的关键课程。2018年教育部印发的《新时代高校思想政治理论课教学工作基本要求》把思政课提升到"巩固马克思主义在高校意识形态领域指导地位、坚持社会主义办学方向的重要阵地，是全面贯彻党的教育方针、落实立德树人根本任务的主干渠道和核心课程，是加强和改进高校思想政治工作、实现高等教育内涵式发展的灵魂课程"。在高校思政课教师座谈会上，习近平总书记谈到"思政课是落实立德树人根本任务的关键课程"[①]，进一步确定了思政课的重要地位和作用。这一方面说明思政课在立德树人过程中扮演着不可或缺的角色。学校的根本任务是立德树人，而思政课是落实立德树人根本任务的关键课程，理应在高校课程体系中处于中心位置。另一方面，重新认识思政课的地位，以往主要是从思想政治教育内部来定位思政课，把思政课视为大学生思想政治教育的主渠道和基本环节，把日常思想政治教育看作主阵地，主要局限于思想政治教育内部，而习近平总书记是在整个高等教育大环节中定位思政课的关键课程地位，把思政课从思政课程扩展到课程思政，把思政教育从校园延伸到社会中，视野更为开阔。此外，这一定位提升了思政课的重要性。以往把思政课

---

① 习近平. 思政课是落实立德树人根本任务的关键课程 [J]. 求是，2020（17）：1.

定位为重要途径、核心课程、灵魂课程，习近平总书记在此基础上提出"关键课程"的定位，极大地提升了思政课的重要性。

第二，办好"大思政课"关键在教师。习近平总书记高度重视思政课教师队伍建设，强调"办好思想政治理论课关键在教师，关键在发挥教师的积极性、主动性、创造性"[①]。习近平总书记关于教育的重要论述为准确理解"大思政课"提供了理论遵循。"大思政课"是新时代对课程内蕴价值赋予的再生概念，从本体论层面看，"大思政课"建设关键在人。办好"大思政课"关键在教师，关键在发挥"大思政课"教师的积极性和主动性。"大思政课"要更加科学有效地帮助学生树立正确的世界观、人生观和价值观，引导学生坚定对马克思主义的信仰、对社会主义的信念，增强学生对中国特色社会主义的信心和对党和国家的信任，这是办好"大思政课"的重要使命。为此，办好"大思政课"，教师不仅要有理想信念、有道德情操、有扎实知识、有仁爱之心，即做好"四有"教师。同时政治要强、情怀要深、思维要新、视野要广、自律要严、人格要正亦是习近平总书记对思政课教师提出的素质要求。除了专业素养外，思政教师更应该强调信仰、情感、人格等因素，要"努力做精于'传道授业解惑'的'经师'和'人师'的统一者"。要善做"信仰之师"，帮助学生坚定马克思主义信仰，善做"学术之师"，讲清楚中国共产党为什么能，中国特色社会主义为什么好，归根到底是马克思主义行，是中国化时代化的马克思主义行的道理。

第三，"大思政课"的实质是学生在课程中获得教育性经验。习近平总书记在2016年12月全国高校思想政治工作会议上，调整了对思政课程界定的传统视角，他认为课堂教学是主渠道，学生获取知识的途径固然很多，但课堂学习更具有基础性和系统性。在2019年3月18日召开的学校思政课教师座谈会上，总书记再次强调了思政课教学工作的创造性所在，指出要"善于运用创新思维、辩证思维，善于运用矛盾分析方法抓住关键、

---

① 习近平. 思政课是落实立德树人根本任务的关键课程［J］. 求是，2020（17）：8.

找准重点、阐明规律,创新课堂教学,给学生深刻的学习体验"①。这区别于传统课程从教育者角度对课程内容进行界定,将思政课程划分为"马克思主义基本原理""毛泽东思想和中国特色社会主义理论体系概论""中国近现代史纲要""思想道德与法治""形势与政策"等不同板块。而是从学生在学习过程中获得的教育性经验、体会的价值观等方面来理解课程内容。"大思政课"的实质在于为学生提供教育性经验,这种教育性经验既要遵循普通教育教学规律,处理好教育与社会、与人身心发展之间的矛盾,传授学科知识,又要遵循思想政治教育规律,传输社会主义核心价值观,培育具有正确政治立场和坚定马克思主义信仰的学生。

第四,"大思政课"要发挥协同效应。习近平总书记阐述思政课建设不能局限于学校内部或课程自身建设,而是"要放在世界百年未有之大变局、党和国家事业发展全局中来看待,要从坚持和发展中国特色社会主义、建设社会主义现代化强国、实现中华民族伟大复兴的高度来对待"②,同"两个一百年"的宏观背景联结在一起,构建思政课建设的大课堂、大主题、大视野、大格局。首先,从课程内部配合来看,要形成各类课程与思政课相互配合的工作格局。"学校思想政治工作不是单纯一条线的工作,而应该是全方位的。要完善课程体系,解决好各类课程和思政课相互配合的问题,鼓励教学名师到思政课堂上讲课,解决好推动其他教职员工和思政课教师相辅相成的问题,推动思想政治工作贯通人才培养体系,发挥融入式、嵌入式、渗入式的立德树人协同效应。"③这样,课程建设的范围从思政课拓展到其他各类课程,扩大了课程建设领域。思政课在高校育人体系和课程体系中不再像以前那样孤掌难鸣,围绕立德树人这一根本任务,各方面的力量加入进来,逐渐形成以思政课为纽带的协同育人体系。其次,从教育体系内部来看,要构建大中小学思政课一体化的教育格局。再次,从

---

① 习近平. 思政课是落实立德树人根本任务的关键课程[J]. 求是,2020(17):11.

② 习近平. 思政课是落实立德树人根本任务的关键课程[J]. 求是,2020(17):7.

③ 习近平. 论党的青年工作[M]. 北京:中央文献出版社,2022:197.

领导体制来看，要建立党委统一领导、党政齐抓共管、有关部门各负其责、全社会协同配合的工作格局。最后，从学校与家庭、社会的关系来看，要注重家校结合，形成全党全社会努力办好思政课、教师认真讲好思政课、学生积极学好思政课的良好氛围。

在明确了"大思政课"的内涵和外延、建设方向、具体要求的基础上，习近平总书记特别强调要善用"大思政课"，善用"大思政课"是习近平总书记对思政课建设的重要指示。这一要求强调了将现实的宏大体系、多样主体、丰富内容和广阔空间有机整合运用于思政课的教学中，以实现思政课的深入与拓展，引导学生在学习中领悟真理，在实践中增长才干，推动党的创新理论深入人心，并构建自主知识体系。首先，善用"大思政课"意味着思政课要紧密结合现实的宏大体系。习近平新时代中国特色社会主义思想是中国共产党集体智慧的结晶，是当代中国马克思主义的最新成果。思政课应将这一宏大的理论体系融入教学中，让学生深刻领会中国特色社会主义的科学内涵、重要意义以及党的创新理论的重要价值。其次，善用"大思政课"要注重多样主体的参与。思政课不仅是教师讲授内容，还应鼓励学生和其他社会主体积极参与。[①] 教师可以引导学生进行小组讨论、实践调研等形式，让学生在交流互动中加深对理论的理解，增强学习的主动性和参与性。善用"大思政课"还要充实课程的内容。思政课不仅要传授理论知识，还应关注实践问题，涉及社会、政治、经济、文化等多个方面。通过丰富多样的内容，使学生对社会现实有更深刻的认识，增强解决实际问题的能力。最后，善用"大思政课"强调广阔的空间和多样化的教学方法。思政课可以通过多种形式进行，包括讲座、讨论、实地考察、社会实践等。通过开放式的教学方法，充分调动学生的积极性和创造性，使他们在思政课学习中得到全面的培养。

---

① 张闯. 构建多方参与、共同推动的"大思政"工作格局［J］. 中国高等教育，2017，588（12）：24-26.

　　综上所述，习近平新时代中国特色社会主义思想为"大思政课"建设指明了方向，新时代的"大思政课"建设将为培养有理想、有道德、有文化、有纪律的新时代中国特色社会主义事业合格建设者和可靠接班人奠定坚实基础。

第三节　湖北高校推进"大思政课"建设的意义

　　湖北高校推进"大思政课"建设具有重要的意义和目标。这一举措旨在增强大学生的思想政治教育意识和主体责任，推进立德树人根本任务的落实和教育教学改革创新，以满足新时代对人才综合素质的更高要求。

一、增强大学生的思想政治教育意识和主体责任

　　当代中国正经历百年未有之大变局，在这一背景下，各种思潮跌宕起伏，我国的思想文化领域出现了社会思潮多样化的局面，学生的思想正处于比较活跃的时期。习近平总书记在考察湖北时要求湖北广大党员干部要"进一步提高党的领导水平和执政能力，充分发挥党总揽全局、协调各方的作用。改革开放任务越繁重，越要加强和改善党的领导，越要确保党始终成为中国特色社会主义事业的坚强领导核心"[①]。在这一要求下，重视意识形态安全问题，重视党的思想理论宣传工作，重视和推进"大思政课"建设以帮助青少年树立正确的人生观、价值观就显得尤为重要。因此，在湖北全省开展推进"大思政课"相关问题的调研有助于了解社情民意、调节社会矛盾、提高高校师生的政治鉴别力和政治敏锐性，有助于在全社会

---

　　① 习近平在武汉召开部分省市负责人座谈会时强调加强对改革重大问题调查研究 提高全面深化改革决策科学性［N］. 人民日报，2013-07-25.

营造"大思政"氛围，增强文化自信。

一代社会环境和社会政策将决定一代青年师生的思想风貌。同时，一代成年人的内心世界将转化为一代青年的思想和行为特征。这就是马克思主义的命题"人的本质是社会关系的总和"在青年思想教育领域中的具体化。当今湖北的青年学生成长的背景是全国建设社会主义现代化建设的新时期，国际政治格局发生大转折的时期，国内外社会、政治生活发生变革的时期，科学技术革命迅猛发展的时期，信息革命风靡全球的时期。成长在这样一个具有崭新特点的新时期，当代青年必然具有新的时代特征。当然，另一方面，也面临着一些思想素质方面的误区。在中国实行对外开放政策多年之际，现代西方的文化理念、价值体系、思想潮流和意识形态等不断涌入中国，而青年人的心理又非常脆弱，他们是社会中最活跃的群体，但在面对五花八门的理论说辞时常常会迷失方向，走上一些具有错误思想的道路，这是我们需要特别重视的问题。那么，在建设中国特色社会主义的今天，如何保持马克思主义在意识形态领域的指导地位，如何坚持在以科学社会主义为指导的前提下，弘扬中华传统文化，汲取世界文明的精华，凝聚党心民心，引领大众，特别是代表祖国希望和未来的青年一代树立正确科学的世界观和发展观，摒弃一些错误思潮带来的影响，做社会主义建设的合格接班人，是我们值得认真研究的问题，也是历史赋予我们的重大使命。

二、落实立德树人根本任务，规避消极社会思潮的影响

推进"大思政课"建设的重要意义在于真正落实立德树人的根本任务，"大思政课"通过多样化的教学内容和方法，将新的理论成果思想融入课程中，使学生在学习中深刻领悟党的理论、路线、方针、政策，明确中国特色社会主义的伟大意义和根本任务。思政课教师可以通过引入丰富的案

例和实践经验，在讲解中引导学生深入思考社会现实问题，激发他们的思辨能力和创新意识，了解社会的发展与变化，帮助学生认识到自己在社会中的责任和角色，增强责任感和使命感，使青年学生真正实现德智体美劳全面发展。德，就是在社会大课堂中培养学生崇德向善的品德，弘扬社会主义核心价值观，使其树立正确的价值观、世界观和人生观。通过思政课教育和思想政治教育，引导学生树立社会责任感、集体意识和共产主义远大理想，成为有道德修养、具有家国情怀的社会主义建设者。智，将思政小课堂与社会大课堂结合起来，培养学生扎实的学识和广泛的知识储备，提高学生的综合智能和创新能力。通过系统的"大思政课"教育，学生可以深刻理解党的创新理论和国家的发展战略，从而更好地为社会主义建设和现代化进程服务。体，就是注重学生的体育锻炼和身体健康，培养学生积极向上的体育精神和团结协作的团队意识。具备健康体魄的学生能更好地适应高强度的学习和工作，同时也能更好地为国家的建设和发展做出贡献。美，就是培养学生审美情趣和文化修养，使他们具备欣赏美的能力和创造美的才华。通过文化教育和艺术教育，学生能够欣赏和传承中华优秀传统文化，同时也能欣赏世界多元文化，成为具有国际视野的优秀人才。劳，就是通过劳动育人、实践育人要鼓励学生参与各类实践活动和社会服务，增强学生的实践能力和创新精神。通过劳动实践，学生能够学以致用，将所学知识运用于实际问题解决中，同时也能增强社会责任感和团队协作精神。

总体来说，培养德智体美劳全面发展的复合型人才是湖北高校推进"大思政课"建设的重要目标。这一目标旨在培养具有全面素质、创新意识和社会责任感的优秀人才，使他们成为中国特色社会主义事业的建设者和接班人，为实现中华民族伟大复兴的中国梦作出积极贡献。同时，这也是高等教育的责任与使命，通过全面发展学生的综合素质，推动中国社会主义事业的不断发展与繁荣。

此外，随着我国经济的发展，形式选择中的自由度在增加，文化展现出多样化的特点。青年学生接触和感受到的政治、文化观念和个体价值观念都呈现出了多元化的趋势。同时，互联网对青年学生心理产生了渗透性的影响。在网络这一虚拟的世界里，展现在青年学生面前的更是一个异彩纷呈的王国。在这个世界里，主体的个体自由度可以发挥到极致，甚至于社会主导的理想信念、道德规范和价值评价准则，对他们来说都可能失去意义，他们可以按照自己的意志情感所需做出思想和观念的选择。所以社会主导的理想信念、道德规范和价值准则等，也被他们看作是思潮多样化中的一种，没有特殊之处。那么，当这些大学生个体面对前所未有的选择时，就会根据自己现有的价值评价标准、审美情趣、知识经验水平、理解能力、情绪意志和心理习惯等做出判断。也就是说，这时的大学生从人格上走向了一个相当自主、自由和解放的阶段。他们与社会主导的、核心的价值准则之间存在若即若离的关系，他们的人格受社会思潮的影响显示出多元化、边缘化的趋势，这一趋势在调研结果中表现得十分明显。换言之，当代大学生群体与新体制相适配的社会主导（核心）价值观、理想、信念、道德和心理调适能力等还未成熟，容易走向极端，受到外界所谓"新鲜事物"的影响。这种影响多数情况下是消极的，对湖北省乃至中国主流意识形态的建设产生了一定的冲击。为规避这种影响，我们应关注青年大学生这一社会精英群体的思想发展状况，在全社会营造"大思政"氛围，准确把握他们人格发展的变化轨迹，正确引导他们的价值取向。

第四节 湖北高校"大思政课"建设的核心内容和特点

近年来，湖北高校积极推动"大思政课"建设取得了良好的实效，"大思政"在青年学生和部分教师中间产生了一系列的连锁反应，持续推进湖北高校"大思政课"建设需要在总结经验和分析重点难点的基础上，归纳特征、探索特色，在思政小课堂和社会大课堂的融合贯通中立德树人。

一、突出习近平新时代中国特色社会主义思想主体地位

湖北高校推进"大思政课"建设的核心内容和特点是以习近平新时代中国特色社会主义思想为核心内容。习近平新时代中国特色社会主义思想是当代中国马克思主义的最新成果，也是中国特色社会主义理论体系的重要组成部分。在湖北高校推进"大思政课"建设过程中，紧密围绕马克思主义中国化时代化最新理论成果，贯穿于整个思政课程的教学内容和实践教育中，以此为主线引领学生的思想教育和实践活动。①

例如，2020 年，中南财经政法大学马克思主义学院综合创新思政课课题组成功申报国家社会科学基金思政课专项，通过研究总结出 15 种教学方法和艺术。这些教学方法和艺术可以分为三类，分别针对理论阐释创新、学生心理，以及生活、实践、艺术相呼应。这些方法和艺术的创新不仅是对马克思主义立场、观点和方法的具体化，也体现了马克思主义社会科学方法论的具体运用。通过这些方法和艺术，习近平新时代中国特色社会主义概论课程团队致力于阐释党的先进思想和科学理论，同时切合学生的认知规律和接受特点，针对学生的兴趣适时调整，提高了教学效果。调查数据显示，近三年六个学期的综合调查和问卷调查中，超过 98% 的学生对大部分教学方法和艺术表示基本赞同或高度赞同。学生们对这些教学方法和艺术阐释的思想理论也表示"能够较好理解，因而基本认同"或"能够深刻理解，因而高度认同"。这表明这些创新的教学方法和艺术在学生中获得了广泛认可和好评，有效地提高了思政课教学的质量和效果。中南财经政法大学部分教授在谈到自己投身思想政治教育十余载时表示，思想政治

---

① 邢鹏飞. 习近平新时代中国特色社会主义思想凝心铸魂的机制及路径研究——基于对120 位青年的深度访谈［J］. 贵州师范大学学报（社会科学版），2023，243（4）：35-46.

教育成就了现在的自己，也成为战胜一切困难和干扰的精神力量。这反映出他对思政教育事业的坚定信念和奉献精神。教师们在推进"大思政课"建设的过程中，通过不断创新教学方法和艺术，让学生更好地理解和接受党的先进思想和科学理论，成长为具有高度思想觉悟和综合素质的新时代有用之才。

在湖北高校"大思政课"建设中，通过深入学习习近平新时代中国特色社会主义思想，学生全面了解了中国特色社会主义的伟大事业和发展道路，树立了正确的思想意识。同时，围绕理论知识展开的教学和实践也为学生提供了更加深入和全面的学习平台，引导学生在实践中深化对思政课内容的理解和应用，将所学知识运用到现实生活中，培养出扎实的理论功底和解决实际问题的能力。

二、强调"大思政课"多元融合的大范围

"大思政课"之"大"在于教学内容的大范围。湖北高校推进"大思政课"建设的一大特色是教学内容不再局限于思想政治教育专业这一领域，坚持了教学内容的综合性。"大思政课"充分挖掘了文学、历史学、政治学、艺术学、经济学、心理学、管理学、社会学等学科中蕴含的思想政治教育资源和各学科带有思政要素的学科知识理论，整合并优化了课程资源，融合了其他学科的观点、方法、思维工具等，坚持晓之以理、动之以情，充分运用马克思主义的立场观点教育人、影响人、改变人，科学利用马克思主义的基本底色发挥"大思政课"影响人、培养人、塑造人的强大功能，力图在为党育人、为国育才和以德育人、以智启人上下功夫、见实效。

华中师范大学充分利用大中小思政课一体化建设，打造了"同课异构协同共研"的多元融合的"大思政课"新模式。学校充分发挥马克思主义学院作为全国重点马克思主义学院的引领示范作用，在已经形成的专家指导型、校际联合型、多课联合型等集体备课模式的基础上，探索了"同课

异构，协同共研"的多元主体集体备课、集体讲课模式。这一模式针对同一门课程、同一个专题邀请不同学校的优秀教师进行教学展示及教学思路的讲解，针对重难点问题群策群力、共同研讨，形成针对本专题的授课共识，真正做到资源共享、优势互补，提升思政课教师队伍的整体实力，推动思政课教师队伍的更平衡、更充分的发展。"同课异构协同共研"的"大思政课"模式与传统思政课相比具有明显的优势。

一是主体多元。自首期"同课异构 协同共研"华中师范大学思想政治理论课集体备课研讨会举办以来，参与人数和学校数量屡创新高。课程吸纳了包括劳动模范、企事业单位工作人员、实务部门优秀员工、一线优秀工作人员、小学高中教师等不同身份的教育从业者，共同参与，群策群力；二是覆盖面广。"同课异构，协同共研"思想政治理论课集体备课研讨会面向全国一线思政课教师举办。课程组成员既有高校思政课教师，也有中学思政课教师。不仅有来自部属高校、省属高校的思政课教师，还有来自市属高校、民办高校的思政课教师。同时，军事院校和地方学校的思政课教师也纷纷加入。不论是本科思政课教师还是专科思政课教师都在其中。三是针对性强。每期集体备课研讨会聚焦于某一门思政课的某一章节，深耕教材，深化对教学内容的理解，落实和细化重点难点，目的与过程并重，内容与方法并举，通过深入交流和研讨，旨在提升思政课的思想性、理论性和亲和力，这对于一线思政课教师如何备好上好思政课有很强的指导意义。华中师范大学 4 年来累计举办了 50 多期"同课异构·协同共研"集体备课会，惠及全国思政课教师 7 万余人次。依托合作办学和对口支援附校，为中小学思政课教师开展培训 100 余次。利用国家中小学智慧教育平台等，共享华中师范大学优质思政课教育教学资源，成立思政课教学创新联盟，加强了校际交流，分享了高质量的教育资源，落实了符合新课标理念的高效课堂教学模式。这些举措充分发挥了活动辐射作用，促进了学校高效课堂建设。

三、挖掘红色资源，突出红色文化在"大思政课"中的底色作用

红色文化是中国共产党以马克思主义为指导，吸收中外优秀文化创造的先进文化，代表了中国共产党人和广大民众的优良品格。它不仅是中国人民价值观念体系中的重要组成部分，更是凝聚国家力量和社会共识的重要精神动力。党的二十大报告指出："用好红色资源，深入开展社会主义核心价值观宣传教育，深化爱国主义、集体主义、社会主义教育，着力培养担当民族复兴大任的时代新人。"① 湖北省作为具有光荣革命传统的红色文化大省，各高校都非常注重进一步挖掘红色资源所蕴含的初心之源，通过深入研究红色革命史、红色校史、红色剧目、红色仪式、红色课堂、红色实践等，将红色文化融入学校的"大思政课"建设，推动思政小课堂与社会大课堂有效结合，着力培养担当的民族复兴大任的时代新人。

例如，中南财经政法大学始终传承"由党创办、建校为党、成长为国、发展为人民"的红色基因，注重挖掘红色校史资源，丰富了"大思政课"建设的资源库。

一是系统梳理办学历程，编撰"5+3"校史书籍。为保存学校的史迹，记录学校发展的历程，先后推出《中南财经政法大学校史》《中南财经政法大学校史（2000—2018）》《中南财经政法大学简明校史》3部校史专著；同时，学校还出版了《中南财经政法大学学科学术发展史》《中南财经政法大学学科学术发展史（1948—2018）》等学术类专著，全面梳理了学校七十年学科学术研究谱系和方法论传统，这些工作得到了师生的广泛认可。2018年推出的《先贤文集》，包含专著七册、论文集萃两册，将学校各历史时期先贤的学术论著结集出版。采集自广大校友和校友亲友的回忆录《岁

---

① 习近平. 高举中国特色社会主义伟大旗帜 为全面建设社会主义现代化国家而团结奋斗——在中国共产党第二十次全国代表大会上的报告［M］. 北京：人民出版社，2022：44.

月如歌——中南财经政法大学校友回忆录》在校友群体中受到热捧。这些校史及相关书籍不仅为学校的人才培养和文化建设提供了宝贵的精神财富和载体，也不断激发了师生校友对学校的认同感和归属感。

二是强化校史研究，对学校"红色基因"进行深度挖掘、提炼和阐释。与宝丰县委党史研究室开展合作，就学校前身中原大学成立等3个课题展开研究，逐步丰富学校"红色校史"内容。从2020年4月起，推出"岁月如歌·永恒的红色记忆"校史故事专栏，讲述学校的红色历史、红色故事和红色人物，从学校校歌、海归教授群体、师生抗美援朝、师生劳动课、中原大学文工团等不同时期和不同群体的故事入手，深挖学校在各个阶段"为党育人、为国育才"的红色故事，在师生、校友中引发了共鸣，爱校荣校意识得到进一步增强。

三是推出红色剧目，打造沉浸式实践平台。开展"大思政课"建设必须充分调动学生的积极性和主动性，通过多样化的实践活动，突出学生在"大思政课"中的主体地位，提高他们的参与度。学校打造了以《曙色》和《逐光的孩子》为代表的红色剧目，将党史、校史元素融入其中，为师生提供了自编自导自演的原创实践平台。推出原创红色舞台剧《曙色》。在党史学习教育期间，学校师生以新中国成立前的武汉为创作背景，推出了红色舞台剧《曙色》，讲述了1948年进步青年学生蕙如受到陈望道翻译的《共产党宣言》的感召，加入解放斗争，并与千千万万的同胞们一起面向旗帜、迎着曙光、重获新生的故事。通过沉浸式、有温度的情景展演，展现了那段波澜壮阔、风雨沧桑的艰苦岁月。让学生通过剧本创作、现场演绎等方式实现"学史明理，学史增信，学史崇德，学史力行"。推出大思政课舞台剧《逐光的孩子》。该剧凝练了学校183名支教志愿者的人物形象，展现了青年学子投身乡村教育事业，助力脱贫攻坚和乡村振兴的动人故事。剧目将文学作品转化为情境式思政大课，让不同的学科艺术在舞台表演中相互融通，让师生在美育中感受思政课的魅力，是德智体美劳"五育并举"的生动示范。

四是举办红色仪式，丰富"大思政课"的教育形式。红色仪式及其文化具有独特的精神价值和教育价值，蕴含着中国精神、中国力量和中国价值。习近平总书记指出："要建立和规范一些礼仪制度，组织开展形式多样的纪念庆典活动，传播主流价值，增强人们的认同感和归属感。"① 通过仪式形式、象征符号、固定动作等规范程序，能够有效帮助大学生树立正确的世界观、人生观和价值观，直接提升同学们的主动求知欲，通过视觉、听觉和触觉等激发同学们的情感认同。自 2019 年以来，学校坚持在南湖校区和首义校区组织各院师生在每周一和重大纪念日轮流举办升旗仪式，邀请先进师生模范和优秀校友进行现场演讲，形成"国旗故事会"等思政教育活动品牌。每年国庆日，学校精心组织升旗仪式主题教育活动，一千多名学生代表参加仪式。新生们朗诵《国旗下的故事》，将一段段国旗小故事娓娓道来，引发师生校友的热烈反响。每周一形式多样的"国旗故事会"主题教育活动成为学校一道靓丽的风景线，各院师生以此为契机，切实加强爱国主义教育，不断激发师生爱国热情，引导全校师生深入学好中共党史、新中国史、改革开放史和社会主义发展史，坚定中国特色社会主义道路自信、理论自信、制度自信和文化自信。

五是推出红色课程，加强"大思政课"的课程建设。将红色文化融入课堂教学，打造红色课程，有助于进一步丰富课程内容，引发大学生的情感共鸣。学校充分挖掘各类课程中蕴含的育人元素，从不同角度将红色文化与学科知识相结合。为了根植理想信念教育，弘扬红色文化，学校开设了 24 门"读懂中国"系列课程，引导学生涵养家国情怀，激发使命担当。课程覆盖学校 11 个重点学院中具有代表性的专业方向，涵盖经济、法律、管理、文学、理学、统计、金融、新闻、生态等 30 多个学科门类，形成了校长院长带头上课、资深教授坚持上讲台、青年骨干全心钻教学、教学

---

① 习近平在中共中央政治局第十三次集体学习时强调把培育和弘扬社会主义核心价值观作为凝魂聚气强基固本的基础工程［N］．人民日报，2014-02-26．

名师专注讲好课的生动局面。课程以习近平新时代中国特色社会主义思想为指导，充分梳理了中国政治、经济、文化、社会和生态文明建设经验，立足新时代中国特色社会主义建设的需求，有效加深了学生对中国共产党带领全国各族人民从站起来到富起来到强起来三次伟大飞跃的深刻认识，增强了民族自豪感和文化自信心；教师从中国改革开放进程中的政治、经济、社会、文化和生态文明五个方面挖掘精华案例，以扎实的学术研究为支撑，通过深入浅出的阐释帮助学生深刻理解新时代中国特色社会主义思想，自觉践行社会主义核心价值观，通过"课程思政"的方式落实立德树人的重要使命。这些建设成果得到了时任湖北省委常委、省委宣传部部长、省委高校工委书记王艳玲的批示。

六是开展红色实践，拓展实践教学工作体系。加强实践教学，丰富实践教学工作体系，不仅是建设"大思政课"的客观需要，也是思政课教学改革的需要。通过红色实践活动，学生能将理论知识与社会生活实际加以印证，在切实实践中正确认识和理解马克思主义基本理论，直观感受我们党取得的伟大成就，提高大学生学习的主动性与积极性，增强思政教育的实效性。学校通过将理论教育、专业学习与实践养成相结合，引导学生通过学习宣讲、基层走访、田野调查、志愿服务等方式进行各类实践活动，让学生在实践中了解国情、体察民情、感知社情，将所学知识与经济社会发展需求紧密结合，主动投身党和国家的重大战略布局。学校实施了"读懂中国·新时代青年学生党性培养质量工程"，以树立青年学生坚定政治信仰和理想信念为目标，通过理论学习、强国论坛、青年榜样、党性分析等板块引导青年学生认真学习和领会习近平新时代中国特色社会主义思想，接受系统的党性教育培养。此外，还组织了"读懂中国·永远跟党走"社会实践活动。积极构建"学校统筹部署、全员扎实推动、师生广泛参与"的社会实践体系，每年组织300多支实践队伍，围绕传承红色基因、助力乡村振兴等重大主题，开展"读懂中国·永远跟党走"等系列社会实践活动。通过这些实践活动，引导学生体验新时代的伟大变革，了解新思想实践的伟大力量，自觉在实践中传承红色基因、赓续革命薪火，并努力成长为担当民族复兴大任的时代新人。"读懂中国"系列社会实践成功入选教育部第六届"礼敬中华优秀传统文化"系列活动示范项目。

此外，华中科技大学也推出了《深度中国》思政大课，聚焦大别山精神的研究，挖掘大别山地区的红色革命史，并将其运用于"大思政课"的教学实践中。华中师范大学推出了《教育强国》，中国地质大学推出了《地理中国》，华中农业大学推出了《耕读中国》，武汉纺织大学推出了《尚美中国》，武汉职业技术学院推出了《匠心中国》等40多门课程。这些课程涵盖了不同领域，包括工业、农业、地矿业、交通运输业等，立足红色校史，讲好红色故事，通过生动讲解和深刻诠释，这些"大思政课"让学生更加深入地了解中国的发展历程、伟大成就和社会变革。

四、注重历史与现实，讲好英雄人民的抗疫故事

用活教学素材，既要结合历史，又要观照现实，把"大思政课"讲得有深度、有温度、有力度。习近平总书记指出："我们党的历史，就是一部不断推进马克思主义中国化的历史，就是一部不断推进理论创新、进行理论创造的历史。"[①]"四史"教育是领悟中国精神、激发使命担当的重要法宝，也是强化"四个自信"、坚定理想信念的重要法宝。历史是清醒剂，深刻地认识历史才能牢牢地把握现实，因此湖北各高校在推进"大思政课"建设过程中，充分发挥历史在思想政治教育中的基础性作用，基本都开设了"五史"相关课程。此外，各个高校的"大思政课"建设注重将当代社会的热点问题和重要事件融入教学内容中，使课程内容紧跟时代潮流。教师会选择与学生生活密切相关、引起广泛社会关注的话题，例如经济发展、社会变革、科技创新、环境保护、国际关系等。这样的选题可以增加学生

---

① 习近平. 在党史学习教育动员大会上的讲话［M］. 北京：人民出版社，2021：12.

的兴趣，使他们更加愿意积极参与课程讨论，并能更好地理解和把握当代社会的复杂性和多变性。

"大思政课"不仅仅是知识的传授，更强调培养学生的思辨能力。教师鼓励学生积极参与讨论，主动思考问题的多面性，不同观点之间的对比和辩证，培养学生的批判性思维和独立判断能力。通过让学生深入思考，理解问题背后的本质和深层次原因，他们能够更好地适应社会的变革和挑战，成为有主见和创新能力的公民。为了加强学生的实践能力和问题解决能力，湖北各个高校的"大思政课"通常会引入实践教学和案例研究，通过真实的社会案例和活动，让学生深入了解问题的本质和复杂性。在实践中，他们学会如何分析和解决实际问题，培养了解决问题的能力和决策水平。[①]

例如，在抗击新冠疫情的湖北保卫战、武汉保卫战中，湖北地区的高校师生展现了令人感动的抗疫斗争精神。总计53万名师生投身抗疫斗争，其中16所高校和34家附属医院和校医院积极参与医疗救治工作，57所高校和114所中小学成为医疗隔离点和方舱医院，提供5.8万张床位。此外，88所高校的近300名心理专家助力抗疫工作，同时5.75万名高校在职党员干部下沉到社区，为抗疫斗争贡献力量。这些壮举不仅展示了高校师生的责任担当，也成为湖北千万师生最生动、最深刻的思政课教材。基于这些生动的素材，湖北全省高校相继推出了《听他们说》抗疫思政读本，鼓励广大师生讲述自己亲身经历的抗疫故事，形成"用身边人教育身边人"的良好氛围。各高校纷纷发布了抗疫故事集，其中包括湖北工业大学的《不可磨灭的记忆》、武汉纺织大学的《疫路有我》、湖北中医药大学的《记忆深处》等。这些故事涵盖了来自不同学校的师生，他们讲述了自己在抗疫中的奋斗、付出和感悟，展现了高校师生不畏艰险、积极奉献的精神。这些抗疫故事中，有武汉大学学生赵东在危险时刻与患者并肩的感人情景，

---

① 甘艳.新时代高校思政课教师队伍建设的历程、经验与启示［J］.湖北社会科学，2021，416（8）：151-156.

有华中科技大学澳门籍学生黄炜俊借来小推车拉着口罩去拱北口岸的坚定决心，有武汉理工大学学生胡传俊为了让父母不担心关闭微信步数的细腻情怀，还有武汉交通职业学院学生甘俊超拍摄医患看落日余晖的照片传遍网络，被收录在《中国共产党简史》中。这些故事都展现了高校师生在抗疫中的坚定信念、无私奉献和勇于担当，塑造了新时代大学生群体的崭新形象。

江汉大学的"大思政课"就注重挖掘英雄的城市和英雄人民的故事，学校充分认识到武汉作为一座具有深厚英雄文化和历史底蕴的城市，地方红色文化具有独特的育人价值。学校自 2017 年开始着力打造"武汉地区红色文化资源库"，并于 2022 年成立了"武汉红色文化研究中心"，旨在全面系统发掘、收集、保护和整合武汉地区红色文化资源。这为推进武汉"红色基因传承工程"、打造新时代英雄城市做出了积极贡献。江汉大学紧密结合新时代伟大变革，以"大思政课"的运行逻辑和建设规律为指导，扎根本土，打造特色课程。学校利用武汉红色文化资源的独特优势，创建了以"英雄中国"为代表的一批有时代风味、有本校特色的金课。这些课程聚焦"英雄"，包括多个专题，如"英雄赞歌""致敬百年党史中的革命英烈""致敬共和国英雄"等。通过这些课程，学生可以深刻感受英雄精神的伟大力量，从而在新时代中书写新篇章。此外，学校还积极助力武汉市大中小学思政课一体化共同体建设。与武汉市中小学联合开展教学科研结对共建、"手拉手"集体备课，着力孵化和打造"大中小学思政课一体化"工作品牌，初步构建了不同学段"协同作战"的思政课教师教育体系。这些努力为武汉市打造大中小学思政课一体化共同体建设的样板工程做出了贡献。同时，学校还不断拓展多元化思政课实践教学场景。通过与 20 个单位共建"大思政课"实践教学基地，如湖北省和武汉市的"理论热点面对面"实践基地以及学校内部的实践教学基地，学生可以亲身参与各类实践活动，深入了解社会问题和需求。此外，学校还利用数字技术、VR 技术等信息化手段集成更多的育人资源，为思政课实践教学提供更多的支持和帮助。通过这些具体措施和路径，江汉大学在推进"大思政课"建设过程中，充分发挥了地方红色文化的优势，打造了特色课程，实现了实践教学的拓展和深化。这样的举措不仅提高了思政课教学的质量，也进一步激发了学生对红色文化和英雄精神的热爱和认同，培养了新时代的优秀复合型人才。

第五节　当前湖北高校实施"大思政课"建设的具体措施和路径

"每个时代总有属于它自己的问题，只有科学地认识、准确地把握、正确地解决这些问题，就能够把我们的社会不断推向前进。"[①]进入新时代，湖北高校也需要根据现实需要不断改进思政工作的方式与方法，着力提升思政工作的质量和水平，积极推动思政工作创新发展。为此，一方面，重视加强教师队伍建设，谋求育人合力，形成育人长效机制；另一方面，扎根中国大地，对标党的教育方针，厘清科学的育人方法，找准具体的实践路径。总体而言，当前湖北高校"大思政课"建设的实践路径主要包括如下几方面。

一、完善"大思政课"教师队伍建设，加强师资培养和引进

湖北各高校都根据中国特色社会主义理论体系的重要内容，制定全面的师资培养计划。该计划包括教师培训和学术研讨活动，并规定培训的内容、形式和频率。[②]培训内容涵盖习近平新时代中国特色社会主义思想的

---

① 习近平. 之江新语［M］. 杭州：浙江人民出版社，2007：235.

② 石岩，王学俭. 新时代课程思政建设的核心问题及实现路径［J］. 教学与研究，2021，515（9）：91–99.

核心理念、价值观和重要政策等方面的知识，以便教师在教学中能够准确传递；鼓励现有思政课教师继续深造，不断提高他们的学术水平和教学能力。通过资助教师参加学术研讨会、国内外学术交流等方式，拓宽学术视野，增长学识。同时，设立教师奖励机制，激励优秀教师在学术研究和教学方面取得卓越成就，以提高教师的教学积极性和创造性。

为丰富"大思政课"师资队伍，各个高校积极引进具备丰富经验和优秀教学能力的思政课教师。引进对象可以包括国内外优秀学者、知名专家、优秀毕业校友等。这些优秀教师能够为学生提供更加丰富、多样化的课程内容，增强课程的学理性和针对性。鼓励思政课教师组成教学团队，实现多师协作、多学科交叉的授课模式。通过团队合作，不同教师相互借鉴、互相补充，充分发挥教师个人优势，提高教学效果。教师团队可以根据不同的主题和内容灵活组合，确保教学内容的多样性和深度。设立专门的教学研究项目，鼓励思政课教师开展教学研究。研究内容可以围绕教学方法、教材内容、学生学习情况等方面展开，探索适合思政课教学的最佳教学方法和策略。同时，鼓励教师进行教学成果分享，促进教师之间的交流和合作，共同提升思政课的教学质量。通过以上措施和路径，湖北省高校可以确保思政课教学紧密结合中国特色社会主义理论体系，为学生树立正确的思想道德准则提供坚实的理论基础。

以华中科技大学为例，该校高度重视思政课教师队伍建设，着力打造"大师资"，通过引进和培育双重方式，不断提升思政课教师的专业能力和教学水平。这种做法为湖北省内高校做出了表率和参考。学校制定了人才引进计划，明确不同类别人才的引进标准和数量。与兄弟高校的马克思主义学院和研究机构建立合作关系，建立人才交流的长效机制，共同推动思政课师资队伍建设的质量提升。这种引进计划有助于引入更多高水平的人才，丰富思政课教师队伍的学术背景和教学经验。其次，学校加大对思政课教师的培训力度。围绕青年教师的教学能力和科研方法等方面，开展有针对性的培训，并帮助教师不断提升专业能力和水平。这样的培训有助于教师更好地适应学校的育人目标和教学要求。此外，学校完善教学成果评价制度，定期对教师的教学质量和研究成果进行评估。这样的评估机制有助于激励教师持续改进教学方法，提高教学质量，并鼓励教师在学术研究方面取得更好的成果。同时，学校还将育人成效突出的思政课教师和辅导员纳入各类高层次人才项目，增加对他们的支持力度。这样的举措可以激励优秀的教师和辅导员在思政教育领域取得更多的成就，进一步提升思政课的教学质量。最后，学校推动课堂教学与日常育人工作有效衔接，选派了100余位学工系统教师担任双聘思政课教师，并支持优秀辅导员走进思政课堂和思政课教师兼任班主任工作。这样的做法有利于形成一支数量充足、素质优良的思政课教师队伍，确保思政教育在全校范围内得到有效落实和推进。华中科技大学通过引进和培育的方式，注重培养思政课教师队伍的专业化和教学能力，为提高思政课教学质量和育人效果做出了积极的努力。这些举措不仅有助于提升教师的专业水平和教学能力，更为学生提供了优质的思政教育，推动了学生成长成才。

二、优化教材和教学资源，推动多元化、创新化的教学手段

通过建立健全教材编写和更新机制，确保教材内容紧跟时代发展的最新成果。学校成立专门的教材编委会，邀请学科专家和思政课教师参与，确保教材的权威性和科学性。同时，加强与社会实践、研究机构的合作，吸纳前沿研究成果，更新教材内容。[①] 为满足不同学生的学习需求，高校采取多种教材形式。除传统的纸质教材外，还可以开发电子教材和网络教材，供学生在线学习和下载。此外，可以将教材内容与音视频、动画等多

---

① 李蕉.人才强国战略视域下课程思政的建设路向探析[J].兰州大学学报（社会科学版），2022，50（4）：10-18.

媒体资源结合，提升教材的吸引力和互动性。

有条件的高校可以建立并完善思政课教学资源共享平台，鼓励教师将优秀的教学设计、教案、课件等资源上传至平台，供其他教师借鉴和使用。还应鼓励教师采用多样化的创新教学手段。例如，通过案例教学，将抽象的理论知识与实际问题结合，让学生更好地理解和应用；通过问题导向教学，激发学生思考和独立解决问题的能力；通过小组讨论和角色扮演，促进学生的合作与交流，利用现代技术手段，推广互动式教学。通过在线讨论平台、投票系统、实时问答等工具，增强学生参与感和学习效果。同时，教师可以及时获取学生的反馈和问题，做出针对性调整。学校鼓励教师开设一些特色思政课程，如专题讲座、社会实践课、实践教学基地等。这些特色课程可以丰富学生的学习体验，增加学习兴趣和动力。与此同时，建立科学的教学评估体系，定期对思政课的教学效果进行评估和反馈。通过问卷调查、教学观察等方式，了解学生对教学的反应和认知，以便及时调整教学策略和方法，持续提高教学质量。通过以上措施和路径，学校不断优化教材和教学资源，推动多元化和创新化的教学手段，提高思政课教学的针对性和吸引力。这将有助于激发学生的学习热情和积极性，增强他们的思想政治教育意识和主体责任感，培养全面发展的复合型人才。同时，也有助于提高学生的创新精神和实践能力，培养他们成为未来社会中富有创造力、勇于实践的领军人才。

华中师范大学马克思主义学院在思政课程建设方面走出了自己的创新之路。学校与武汉市教育科学研究院联合举办了"逻辑与思维"教材研习活动，吸引了武汉市高中政治学科骨干教师的参与。通过联合举办活动，实现了大中小学思政课一体化共同体的深度合作，加强了教师之间的交流和学习，推动了思政课教学质量的提升。华中师范大学马克思主义学院副教授陈吉胜作为专家主讲的"逻辑与思维"专题是高中思想政治课教学的难点内容，他围绕逻辑学的研究对象、命题逻辑的基础知识以及有效推理的结构形式等方面进行讲解。通过引入专家讲座培训，精准解决了教师在思政课教学中面临的难题，提供了有针对性的教学指导，提高了教师的教学水平。华中师范大学马克思主义学院不仅注重理论研究，还将理论应用到实际教学中，为教师们提供了实用性强的教学指导，有助于提高他们的教学质量。

三、强化思政教育实践基地建设，拓展实践教学的深度和广度

学校充分发挥自身资源优势，与政府、企业、社会组织等建立合作关系，共同打造多样化的实践教学基地。这些基地涵盖不同领域，如工业企业、农村社区、文化艺术机构等，为学生提供不同实践场景和机会。通过多样化的实践基地，学生可以更全面地了解社会的多个方面，拓展他们的视野和认知。同时，推进多样化的社会实践项目，组织学生参与各类社会调研、志愿服务、文化传承等活动。通过亲身参与社会实践，学生可以更深刻地感受社会问题和需求，培养社会责任感和公民意识，激发积极性和主动性，增强他们对思政教育的实际体验和认同感。此外，学校还可以创设校内实践平台，如创新创业孵化基地、文化艺术展示中心等。这些平台为学生提供更多展示和实践机会，激发他们的创新创业精神和实践能力。在校内实践平台的支持下，学生能够更加自主地进行实践活动，提高问题解决和创新能力。

为确保实践教学的有效开展，学校还要加强实践教学导师指导。通过安排专业教师或社会导师担任学生的实践导师，学校可以提供专业指导和支持，引导学生在实践中学习和成长。[①] 导师的指导将有助于学生更好地把握实践的方向和目标，提高实践教学的质量和成效。另外，学校要鼓励学生参与学科竞赛，为他们提供展示和交流的平台。学科竞赛是一种有效的实践教学方式，可以提高学生的学科知识和技能水平。通过参与学科竞

---

① 代玉启，李济沅. 新时代高校"大思政课"建设理路创新研究——以社会运行为主要视角［J］. 马克思主义与现实，2022，181（6）：132-138.

赛，学生可以更深入地了解学科前沿和热点问题，培养批判性思维和创新能力。最后，学校应该组织实践教学成果分享活动，让学生有机会分享实践经验和成果。这样的交流和分享不仅激发了学生的学习热情，还可以促进学生之间的交流和合作。通过成果分享，学生可以从彼此的经验中吸取借鉴，不断提升自身的实践能力。通过以上具体措施和路径，湖北高校不断强化思政教育实践基地建设，拓展实践教学的深度和广度。学生将有更多机会参与社会实践，深刻感受社会发展和变革的实际情况，提高批判性思维和问题解决能力。同时，实践教学的有效实施也将增强学生对思政课的学习兴趣和学习体验，提高思想政治教育的实效性和针对性。

以华中科技大学为例，学校建立各级各类大学生社会实践基地150余个，为广大学生提供了充足的社会实践锻炼机会，并鼓励、引导大学生走进社会、投身实践。例如，在2023年5月14日，华中科技大学马克思主义学院与段店镇孔关村达成共建"大思政课"教学实践基地协议，共创新的协同育人合作模式，为双方共同发展探索出新的有效途径。该协议本着"资源共享，协同创新，相互支持，共同发展"的原则，华中科技大学马克思主义学院与孔关村将在立德树人和社会服务方面发挥各自独特的资源优势，实现互补效应。根据协议，华中科技大学马克思主义学院将在孔关村开展相关教学实践活动，并组织学生为孔关村提供志愿者服务、实习工作等；定期在孔关村举办"名师大讲坛""新时代文明实践讲座""乡村振兴大讲堂"等公益服务活动，打造理论宣讲阵地；根据孔关村需求，在文化活动、社会宣传、理论研究等方面提供决策咨询服务。孔关村将协同合作，积极推进华中科技大学马克思主义学院思政课实践教学改革新模式的探索和创新课程研究；鼓励专业人员积极参与，将新时代文明实践和乡村振兴工作与思政教育资源相关的研究相结合；为华中科技大学思想政治理论课教学实践提供必要的保障条件。

党的二十大报告指出，教育、科技和人才是全面建设社会主义现代化国家的基础性和战略性支撑。高等学校是人才培养、科学研究、社会服务和文化传承的阵地，更是实施科教兴国战略、人才强国战略和创新驱动发展战略的前沿阵地。截至 2022 年 6 月，现有国家级产学合作协同育人项目 3485 项，国家大学科技园 5 家，承接并实施国家急需紧缺高层次人才培养项目 5 个，已建设各级各类产学研合作平台 949 个，产学研融合正持续推进。例如，武汉理工大学与知名企业于 2014 年开展合作，于 2021 年签订战略合作协议，以企业研发项目为载体，探索全流程人才培养、全过程人才评价等运行机制，形成招生、培养、实习实践、科学研究、学位论文全链条产教协同的研究生培养新模式。采取"项目导向"的人才培养理念，以实际的产业研发项目为抓手，让学生参与到实际项目的开发中，实现教学内容、人才培养方式与产业的有机衔接；搭建以学生为中心的学评一体开放式培养评价平台，自动汇集学生学习、科研、实践等行为大数据，对学生专业知识与创新能力的培养情况进行全面评估。实行校企双评机制，制定校企研合作课程、校企研学位论文标准和全过程质量评价标准，形成了"社会需求—校企双评—能力达成—社会反馈"的多维度、全过程闭环评价机制。

第六节　湖北高校"大思政课"建设取得的成效和影响

"大思政课"之大，旨在体现协同效应，要实现"教"与"学"的双向互动、"道"与"器"的相互配合、"知"与"行"的有机统一。湖北各高校在推进"大思政课"建设的实践中，注重融通结合，坚持以人为本，形成连锁效应。他们从青年群体的视角予以新时代新的诠释与赋意，由此，学生在审美体验、环境熏陶、自我探索中习得美育知识、升华美育情感、提升审美能力、塑造健康人格。全省大部分教师在实践锻炼中课程思政水平和专业化水平得到显著锻炼和提升。

一、学生综合素质得到显著提升

湖北高校注重思政课程的优化和改革，不断提高教育质量。通过"大思政课"丰富多样的教学内容和创新教学手段，激发学生的学习兴趣，使他们在思政课上更愿意主动参与，积极思考，深入探讨。教师高质量的授课和实践导师的指导使学生对重要思想理论有了更深刻的理解，批判性思维和创新能力得到了锻炼，学生的思想政治素质得到明显提高，对社会主义核心价值观的认同和接受程度增强，对中国特色社会主义和中国梦的认知更加深刻，对党的理论和政策了解更加全面，具备了辨别信息真伪和价值观判断的能力，形成了正确的人生观、价值观和世界观。

湖北高校"大思政课"建设注重挖掘地方红色文化。通过英雄事迹和优秀传统文化的宣传和教育，激发学生的爱国热情和家国情怀。"大思政课"建设还助力形成了积极向上的校园文化氛围。学生之间的交流和合作增多，形成了思想的交流和碰撞，促进了学生之间的团结友爱和共同进步。湖北高校"大思政课"建设在学校内外产生了广泛的社会影响力。通过与社会实践基地的合作，高校师生广泛参与社会实践活动，社会影响力逐步增强，展现了大学生群体的良好形象，此外，高校优质的网络思政课教学公共产品也在全国范围内推广，为全国高校的思想政治教育提供了借鉴和参考。

2023年3月，在武汉大学举行的第三届全国思想政治理论课教学论坛中，武汉大学党委书记黄泰岩介绍了武汉大学贯彻落实习近平总书记关于思政课的重要论述，特别是武汉大学马克思主义学院贯彻落实习近平总书记"3·18"重要讲话精神，全面推进思政课改革创新和"大思政课"建设的成效和经验。武汉大学坚持在学校党委统一领导下，以促进思政课提质增效为目标追求，以实现思政课教学资源要素有效汇集、深度融合为关键路径，探索形成了新时代高校思政课"五融合"教学模式，即推进学科建设与课程教学、思政课"教"与"学"、思政课线上教学与线下教学、思政小课堂与社会大课堂、思政课程与课程思政深度融合，有效增强了课程教学的学理性、针对性、亲和力、现实感和协同性。

学校通过推进学科建设与课程教学的深度融合，深入研究党的创新理论，丰富了思政课教学的思想性和理论性资源供给，增强了课程教学的学理性。武汉大学以 18 项国家社科基金重大项目、100 多项国家和省部级项目为牵引，展开深入研究，形成了《马克思主义大辞典》《中国社会科学》系列论文等高水平成果，并将学术研究成果全面有机地融入思政课教学内容，努力将思政课的道理讲深、讲透、讲活，深化学生对课程内容的学理认知；第二，武汉大学推进思政课"教"与"学"深度融合，以持续大规模学情调研，切准大学生心理脉动和思想需求，增强了课程教学的针对性。武汉大学连续八年对全国大学生思想状况进行年度大数据调查，参与高校从 30 所扩展至 70 余所，积累了 30 余万份学生样本数据，出版了逾百万字的系列《中国大学生思想政治教育发展报告》。研发中国大学生研究数据平台"思享珞珈"，可根据各高校大学生的原始大数据进行智能分析，并生成标准化的学情报告。通过这一平台，可以找准大学生的思想关注点、情感激发点和教学切入点，实现学生需求与教师供给的精准衔接和融合；第三，武汉大学推进思政课线上教学与线下教学深度融合，以多元优质的新媒体资源供给和创新课堂教学方式，增强了课程教学的亲和力。武汉大学自主研发、整体推出、及时优化四门本科生思政慕课，累计选课超 160 万人次，为全国高校提供了优质的网络思政课教学公共产品；连续五年承办"我心中的思政课"全国高校大学生微电影展示活动，并整合了五届共1339 部作品建立资源库；与光明网联合推出 50 集"光明理论慕课"，在全国高校属于首家和独家；精心制作推出 10 余期网络思政类对话节目"马上见"，在"学习强国"等网络平台总浏览量超 520 万人次；打造思政课虚拟仿真产品；推动移动端优质教学互动产品进课堂；第四，武汉大学推进思政小课堂与社会大课堂深度融合，以多样立体的社会实践活动，促进学生知信行合一，增强了课程教学的现实感。武汉大学以 5 个本科教学改革重点项目和 14 个研究生教学改革项目为牵引，推动思政课教学实践活动全面创新。武汉大学的四门本科生思政课分别持续开展"社会主义核心价值观我践行"微视频大赛、"观世界·论中国"大学生论坛、红色资源寻访大赛、"奋斗新时代"主题微视频大赛等全校性专题实践活动。与有关单位共建"大思政课"实践教学基地，协同开展实践教学。通过这些举措，实现了课堂理论与社会现实的贯通融合，引导学生在新时代的祖国大地上真切感悟真理力量、不断厚植家国情怀；第五，武汉大学推进思政课程与课程思政深度融合，以深化协同育人机制建设，推动思政课程与课程思政联结贯通、相互促进，增强了课程教学的协同性。例如，武汉大学经济与管理学院教师团队负责"以新发展理念引领高质量发展"专题，法学院教师团队负责"全面依法治国"专题，气候变化与能源经济研究中心教师团队负责"建设社会主义生态文明"专题等，武汉大学组织六大学部12个学院120余不同学科背景的教师，与思政课教师联合备课、合作授课。

武汉大学探索形成的新时代高校思政课"五融合"教学模式充分体现了习近平总书记"只有打好组合拳，才能讲好思政课"等重要论述精神，这种教学模式的实施效果得到了社会各界的广泛赞同和认可。它不仅有效把握了大思政课开放融合的基本原则，还成功将思政课与祖国大地的具体实际和鲜活实践相结合。同时，它与各种学科资源和社会资源进行联结和融通，搭建起了一座互联互通、生机盎然的思政育人立交桥，充分展示了思政课教学方法创新的新理念、新生态、新形式、新成果和新格局。

二、"大思政课"带动师生课程思政水平和技能提升

近年来，湖北高校在"大思政课"建设方面进行了积极探索，注重将思政教育与实践教学相结合，强化学科交叉，以及培养创新精神等举措，这些措施使得"大思政课"在提升师生专业课水平和技能方面发挥了重要作用。

具备育人意识是教师落实课程思政的重要前提。只有具有育人意识的课程思政老师，才能充分调动青年学生的积极性，自觉将课程思政贯彻落实到教育教学各环节。湖北各高校的"大思政课"首先注重以人为本，狠抓专业课教师的师德师风和专业素养，推动专业教育与价值教育相结合。在这种理

念下，专业教育成为价值教育的载体，而价值教育则是专业育人的统领。在开展课程思政的过程中，专业教师充分认识到专业课程建设与专业人才培养的内在关联，着力提升课程建设的政治高度、人文情怀和责任担当。因此，他们积极从专业知识背后的价值理念出发，善于寻找专业教育与价值教育相结合的切入点，把专业育人同培养社会主义事业建设者和接班人相结合，在专业知识体系的教学目标勘定、内容设计、课堂互动、师生交往、教学评估等具体环节中渗透价值教育，有效防止了"贴标签""两张皮"现象。

从调研情况看，目前湖北各高校的专任教师都能从经济社会发展大局找准课程思政的育人角度。教师在讲授课程时，能够将课程与党和国家的大政方针政策、经济社会发展形势、国内国外局势紧密联系在一起，把课程的专业知识放在中华民族伟大复兴的战略全局、世界百年未有之大变局、经济社会发展大局的框架下深入讲解。因此，教师不再是只守着自己"一亩三分地"的专业人员，而应该是关注人类社会发展、关怀国计民生、具有人文情怀和责任感的育人能手。例如，新冠肺炎疫情发生后，各门课程都可以与战疫结合起来，讲好中国故事、弘扬中国精神、传播中国价值。此外，专任教师还能主动从社会主义核心价值观的角度构建课程知识与思政育人的价值联结。教育引导学生把国家、社会和公民的价值要求融为一体，提升个人的爱国、敬业、诚信、友善修养，自觉把小我融入大我，不断追求国家的富强、民主、文明、和谐和社会的自由、平等、公正、法治，将社会主义核心价值观内化为精神追求、外化为自觉行动，教师的课程思政水平和育人水平有了显著的提升。

湖北各高校"大思政课"建设还注重将思政教育与实践教学相结合。学生通过参与社会调研、志愿服务、实习实训等实践活动，积累了丰富的经验和技能。这些实践活动提升了学生的实践能力和应用能力，使他们在专业课程中更具实际操作能力。"大思政课"涵盖广泛的社会科学内容，使学生接触到不同学科的知识和理论。这促进了学生的跨学科学习和思考，有利于他们形成全面的知识结构和思维模式。

　　以湖北经济学院法商学院为例，近年来高度重视课程思政建设，通过多次组织教师培训学习，不断提升教师的课程思政教学能力，以提高人才培养质量。在这一过程中，课程思政被视为具有"双引擎驱动作用"，既能推动教师的教学和科研能力提升，又可以促进学生综合素质的提高。这种注重课程思政建设的成果在2022年的学生成就中得到体现。在中国大学生计算机设计大赛、"互联网+"大学生创新创业大赛、湖北省翻译大赛等各类比赛中，湖北经济学院法商学院学生获得了15项国家级奖项、93项省级奖项，可见学生在学科竞赛中表现出色。特别是在"互联网+"大学生创新创业大赛中，学生团队获得了1个国家级铜奖、1个省级金奖和其他6个省级奖项。此外，在"挑战杯"比赛中还取得了1个银奖和9个铜奖，暑期社会实践团队获得团中央的表彰。这些优异的成绩表明学生在创新创业和实践方面表现出色，充分展示了他们在专业技能和综合素质方面的提高。同时，湖北经济学院法商学院还涌现出一批具有创业精神的学生，其中以市经19401班吴彦卓同学为代表。吴彦卓同学运营的公司在抖音电商运动鞋服类行业排名前三位，服饰类行业排名前十位，月营业额达到1000万以上。他的创业成果不仅使他本人入选江夏区"双十双百"人才名单，还获得了"大学生创业先锋"称号。这充分证明了在学校的培养和课程思政的引导下，学生在实践创新和创业方面取得了令人瞩目的成就。湖北经济学院法商学院通过重视课程思政建设、加强教师培训和激发学生的创新创业精神，取得了显著的成效和积极的影响。学生在各类竞赛中的优异表现以及涌现出的创业先锋，都充分证明了课程思政对学生专业课水平和技能的提升作用。这样的教学模式不仅受到学生的喜爱，也有助于提高学校的教学质量和培养优秀人才的能力。

三、教师队伍的专业化和教学能力的明显增强

　　各个高校通过组织教师培训学习，使教师们能够了解新的教学理念、

方法和内容，不断提高自身的学科知识和教学水平。在这个过程中，教师们也更加深入地认识到思政课的重要性，将思政教育融入专业课程中，使得教学内容更加立体丰富，学生也更能感受到思政教育的价值。① 大思政课的建设倡导多元化的教学手段和教学方法。教师们在教学中积极创新，采用案例教学、问题导向教学、小组讨论等多种教学方法，增加了课堂的活跃度和吸引力。这样的教学模式既能够帮助学生更好地理解专业知识，又能够引导学生思考和讨论，培养学生的批判性思维和创新意识。另外，大思政课建设注重教师之间的交流与合作。② 学校鼓励教师之间相互学习，互相借鉴教学经验和教学方法，形成了良好的教学氛围。同时，学校还为教师提供了更多的教学资源和平台，让他们可以更加专注于教学工作，提高教学效率和质量。通过持续的培训和学习，教师们不断提升自身的教学水平，不断探索新的教学方法和手段，使得教学效果得到了显著提升。这也进一步促进了学生专业课水平和技能的提高，为学生的综合素质和职业发展奠定了坚实的基础。同时，这样的建设也使得学校的教学质量和教学水平不断提高，为学校的发展和社会贡献力量。

2023 年 7 月，武汉理工大学举办的"2023 年思想政治理论课教师政治能力提升"专题培训会对思政课教师队伍的提高带来了明显的影响和益处。会上，副校长刘春江强调了思政课教师在政治能力建设方面的高要求，特别强调了教师需要具备过硬的政治判断力、政治领悟力和政治执行力。这样的培训会为教师提供了一个思考和学习的平台，使教师能够更加深刻地认识到自己在立德树人中的重要作用，并提升了他们在政治教育和思政课教学中的能力。在辅导报告中，武汉大学原党委副书记骆郁廷教授强调了"以学术讲政治是讲好思政课的关键"。他指出，教师应坚定马克思主

---

① 郭根. 高校课程思政建设的理论内涵、实践偏差与经验检视［J］. 国家教育行政学院学报，2023，306（6）：52-60.

② 徐蓉，周璇. 师资联动：构建"大思政课"育人格局［J］. 思想理论教育，2022，516（4）：25-30.

义信仰，用学术理论支撑政治观念，运用学术知识阐述政治上的大是大非。这样的报告引导教师在教学中注重学术性和科学性，使思政课更具权威性和说服力。学校张庆英教授的分享突出了教师的情怀与追求。她以自身工作经历为例，分享了从事高等教育的感悟，并强调教师的事业、追求和使命。这样的分享激发了教师对教育事业的热爱和忠诚，使教师能够更加用情怀去打动学生、用理论去启发学生，从而提高了教学的质量和效果。张庆英教授在分享中还强调了师德的重要性，特别是师爱的作用。她指出，教师需要坚持德才兼备、博见怀远，用人格去感染学生。这样的强调使教师在教学中更加注重对学生的关爱和引导，提高了教学的人文关怀和情感沟通。因此，在武汉理工大学，正是通过强调政治能力建设、学术讲政治、教师情怀和追求以及师德的重要性，为教师带来了提高和成长。

在新时代的历史背景和国际环境下，湖北高校推进"大思政课"建设具有重要意义。随着社会的快速发展和全球格局的不断演变，培养具有中国特色社会主义核心价值观的合格建设者和接班人成为高校肩负的历史使命。通过强化思想政治教育，引导学生树立正确的思想道德准则，着力提升学生的综合素质和国际竞争力，培养具有全球视野和国际合作意识的优秀人才。随着时代的变迁，湖北高校将继续不断拓展"大思政课"建设的新路径，进一步强化教师队伍的专业化和教学能力，推动多元化的教学手段和实践教学的深度融合，为培养更多优秀人才、构建更加美好的社会主义未来贡献更加坚实的力量！

第二章 研究设计与调查样本

第一节 研究设计

一、总体设计

本研究采用横断面研究设计，旨在探究湖北高校推进"大思政课"建设的新动向与新趋势。于 2023 年 6 月至 7 月，通过在线发放问卷的方式，收集来自不同高校教师和学生的意见和看法，结合湖北省本土化案例，以多方位的实践数据支撑，全面了解"大思政课"建设的现状和存在的问题。研究中的受访者主要包括湖北省各大高校的教师以及大中小学一体化建设相关工作人员。在确定受访者时，尽可能保证了样本的多样性和代表性，以确保收集到的数据能够在一定程度上反映湖北高校推进"大思政课"建设的普遍情况。

二、研究方法

本研究主要使用描述性统计分析，研究湖北高校推进"大思政课"建设新动向与新趋势问题。描述性统计分析是一种定量研究方法[①]，用于从数据集中提取关键特征，并提供有关数据分布的有意义信息。这可以通过计算各种统计量来完成，包括中心趋势的度量，离散程度的度量，以及数据分布的形状等等。通过描述性统计分析，可以帮助我们了解数据，识别异常值，发现模式和趋势，以及形成进一步统计测试或预测模型的初始观点。

三、数据收集

为了获取广泛而深入的信息，研究者使用了问卷星作为主要的数据收集工具。通过问卷星平台，设计了一份包含多个方面的问卷，涵盖教育内容、教育形式、师资队伍、大中小学一体化建设等不同方面。问卷题目涉及多种类型，包括单选题、多选题、排序题、开放式问题等，以便更全面地了解受访者的观点和看法。

四、问卷发放

在问卷设计完成后，研究者通过问卷星平台将问卷链接发布给受访者。问卷星是一种线上调研方法，可以实现大规模、高效、低成本的数据收集，方便进行数据处理和分析，并能够保护受访者的隐私。在本研究中，通过二维码、社交媒体、学校教务系统等途径进行问卷的传播，以便更多符合

---

① 风笑天. 定性研究与定量研究的差别及其结合［J］. 江苏行政学院学报，2017（2）：68-74.

湖北高校"大思政课"建设的受访者参与调查。

第二节　调查对象与样本选择

本书共包括两部分问卷，分别为《湖北高校推进"大思政课"建设现状调查研究》和《湖北省推进大中小学"大思政课"一体化建设现状与问题》。前者样本量为 202 份，调查对象包括湖北各高校的专（兼）职思政课教师、大学专业课教师、党政教辅以及管理人员，详细内容在第四、五、六章中汇报；后者样本量为 172 份，调查对象除包括湖北各高校的专（兼）职思政课教师、大学专业课教师、党政教辅以及管理人员之外，还包括湖北中小学教师，详细内容在第七章中汇报，以下为不同章节关注重点概况。

第三章，主要探讨湖北高校推进"大思政课"建设总体概况。作为全书的总览部分，描述内容主要涉及湖北高校推进"大思政课"建设现状与问题以及湖北高校推进大中小学"大思政课"一体化建设现状与问题两部分问卷的总体描述。

第四章，重点聚焦于湖北高校推进"大思政课"主渠道课程建设现状与问题，共涉及 5 个问题，设问方式为"您对目前湖北高校主渠道思政课建设的总体评价是？"；"您对目前湖北高校主渠道思政课（以下 6 个方面）的看法是？"；"在推进'大思政课'课堂教学优化的过程中，您认为当前存在的主要问题是什么？"；"您认为在完善主渠道思政课教学中，学校应该采取哪些措施提升教学效果？"；"您对改革创新'大思政'课程主渠道建设的期待是什么？请分享您的看法或建议"。

第五章，主要探讨湖北高校推进"大思政课"实践育人建设现状与问题。共涉及 5 个问题，设问方式分别为"目前，湖北高校推进'大思政课'实践育人建设方面的效果如何？"；"您在思政课实践教学中要求学生完成的实践形式是？"；"在思政小课堂与社会大课堂有机结合的实践中，目前存在哪些主要问题或挑战？"；"湖北高校推进'大思政课'实践育人建设的过程中，学校应该采取哪些措施以取得更好的效果？"；"在思政课实践教学的多种形式中，您更喜欢哪些？"。

第六章，重点聚焦于湖北高校推进"大思政课"教育信息化建设现状与问题，共涉及 6 个问题，设问方式分别为"目前贵校在推进'大思政课'教育信息化建设方面采取了哪些措施？"；"您认为教育信息化建设对于提高学生的学习效果和参与度效果如何？"；"在推进'大思政课'教育信息化建设过程中，贵校面临的主要问题是什么？"；"在推进'大思政课'教育信息化建设中，您认为学校应该如何利用现代技术促进思政教育的创新和发展？"；"您喜欢哪些借助信息化技术的思政课教学方式？"；"您认为湖北高校在推进'大思政课'教育形式建设中应该加强哪些方面的支持？"。

第七章，主要探讨湖北省大中小学"大思政课"一体化建设现状与问题。共涉及 5 个问题，设问方式分别为"您认为当前湖北高校推进大中小学'大思政课'一体化建设的现状如何？"；"您认为湖北高校在推进大中小学'大思政课'一体化建设中哪些方面的工作让您满意？"；"您认为目前湖北高校在推进大中小学'大思政课'一体化建设中存在的主要问题是什么？"；"您认为在推进大中小学'大思政课'一体化建设中需要哪些方面的支持？"；"您对湖北高校推进大中小学'大思政课'一体化建设的未来发展有何期望或建议？"。

表 2-1　湖北高校推进"大思政课"建设新动向与新趋势研究样本选择

章节	研究内容	样本群体	样本数量	关注问题
第三章	湖北高校推进"大思政课"建设总体概况	湖北各高校的专（兼）职思政课教师、大学专业课教师、党政教辅以及管理人员	202 份/172 份	湖北高校推进"大思政课"建设总体概况

章节	研究内容	样本群体	样本数量	关注问题
第四章	湖北高校推进"大思政课"主渠道课程建设现状与问题	湖北各高校的专（兼）职思政课教师、大学专业课教师、党政教辅以及管理人员	202 份	湖北高校主渠道思政课建设的总体评价、六个方面的具体看法、主要问题、完善措施、期待或建议
第五章	湖北高校推进"大思政课"实践育人建设现状与问题	湖北各高校的专（兼）职思政课教师、大学专业课教师、党政教辅以及管理人员	202 份	湖北高校推进"大思政课"实践育人的总体评价、实践形式、主要问题或挑战、完善方法、更喜欢的实践形式
第六章	湖北高校推进"大思政课"教育信息化建设现状与问题	湖北各高校的专（兼）职思政课教师、大学专业课教师、党政教辅以及管理人员	202 份	湖北高校推进"大思政课"教育信息化采取的措施、实施效果、主要问题、完善措施、偏爱或倾向、加强支持方面
第七章	湖北高校推进大中小学"大思政课"一体化建设现状与问题	湖北各高校的专（兼）职思政课教师、大学专业课教师、党政教辅以及管理人员、中小学教师	172 份	湖北省大中小学"大思政课"一体化的现状评价、满意度、主要问题、需要哪方面支持、期望或建议

第三节　分析框架

本研究通过系统梳理文献，构建了湖北高校推进"大思政课"建设的新动向与新趋势分析框架。

第一章主要探讨湖北高校推进"大思政课"建设的时代背景，了解推动这一进程的动因和背景条件；第二章介绍研究设计和调查样本，明确研究方法和受访者基本信息，以保证研究的可信度和适用性；第三章概述湖北高校推进"大思政课"建设的总体情况，全面了解目前的进展和成就；第四章将重点研究湖北高校推进"大思政课"主渠道课程建设的现状与问题。该章节将详细探讨主渠道课程建设的概况和特色案例，同时分析可能存在的问题，包括教材语言向教学语言转化不够、课堂教学亲和力和针对性不足、课堂教学评价体系缺乏科学性等方面。

第五章关注"大思政课"的实践育人建设现状与问题，通过介绍基本情况和特色案例，力求分析相关问题，如线上学习与线下教学融合不够、理论学习与实践教学结合不足、翻转课堂实际教学效果不佳等；第六章将着重研究湖北高校推进"大思政课"教育信息化建设现状与问题，概述教育信息化建设的总体概况，特色实例并分析存在的问题，例如智慧教育平台建设不足、思政课教学资源库不够、师生缺乏信息化素养等；第七章将聚焦于湖北高校推进大中小学"大思政课"一体化建设现状与问题，探讨"大思政课"一体化建设的概况和特色案例，并归纳存在的问题，包括组织管理机制不够健全、课程体系建设不够完整、教师关键作用发挥不足等。

最后，在第八章中，将提出进一步加强湖北高校推进"大思政课"建设的对策建议，包括深化筑牢大课堂阵地、积极搭建大资源平台、持续拓展工作大格局等方面。通过以上分析，将得出关于湖北高校推进"大思政课"建设现状和问题的结论，并提出相关建议，以期为进一步完善和推进湖北省"大思政课"建设提供有益参考和借鉴。

```
┌──────────┐          ┌──────────────────────────────────────┐          ┌──────────┐
│ 提出问题 │────────→│ 湖北高校推进"大思政课"建设新动向与新趋势研究 │←────────│ 文献检索 │
└──────────┘          └──────────────────────────────────────┘          └──────────┘
     │                                │                                        │
     ↓                                ↓                                        ↓
┌──────────┐     ┌─────────────────────────────────────────────────────┐ ┌──────────┐
│ 实证分析 │     │ ┌──────────────────┐        ┌──────────────────┐     │ │ 统计分析 │
└──────────┘     │ │ 湖北高校推进"大思政课"建 │   │ 湖北省推进大中小学"大思政课"│  │ └──────────┘
                 │ │ 设现状调查研究      │        │ 一体化建设现状与问题  │     │
                 │ └──────────────────┘        └──────────────────┘     │
                 │          │                            │              │
                 │          └────────────┬───────────────┘              │
                 │            ┌───────────────────────────────┐         │
                 │            │ 湖北高校推进"大思政课"建设总体概况 │       │
                 │            └───────────────────────────────┘         │
                 └─────────────────────────────────────────────────────┘
                                          │
                                          ↓
     ┌───────────────────────────────────────────────────────────────────────┐
     │ ┌──────────────┐   →  ┌──────────────────────────────────────┐         │
     │ │ 主渠道课程建设 │──────→│ 湖北高校主渠道思政课的评价、具体看法、主 │      │
     │ └──────────────┘      │ 要问题、完善措施、期待与建议          │         │
┌──────────┐│ ┌──────────────┐   →  ┌──────────────────────────────────────┐ │┌──────────┐
│ 政策构建 ││ │ 实践育人建设 │──────→│ 湖北高校实践育人的总体评价、实践形式、│ ││ 政策分析 │
└──────────┘│ └──────────────┘      │ 现存问题、完善方法与偏好形式         │ │└──────────┘
     │      │ ┌──────────────┐   →  ┌──────────────────────────────────────┐ │     │
     │      │ │ 教育信息化建设 │──────→│ 湖北高校教育信息化采取措施、实施效果与 │ │     │
     │      │ └──────────────┘      │ 问题、完善措施、偏好与支持需求        │ │     │
     │      │ ┌──────────────┐   →  ┌──────────────────────────────────────┐ │     │
     │      │ │ 大中小学一体化建设│─────→│ 湖北大中小学一体化的评价、满意度、主 │   │     │
     │      │ └──────────────┘      │ 要问题、支持需求与期望建议          │ │     │
     │      └───────────────────────────────────────────────────────────────┘     │
     ↓                                │                                        ↓
┌──────────┐          ┌──────────────────────────────────────┐          ┌──────────┐
│ 延伸性讨论 │────────→│ 进一步加强湖北高校推进"大思政课"建设的对策建议 │←────────│ 规范分析 │
└──────────┘          └──────────────────────────────────────┘          └──────────┘
```

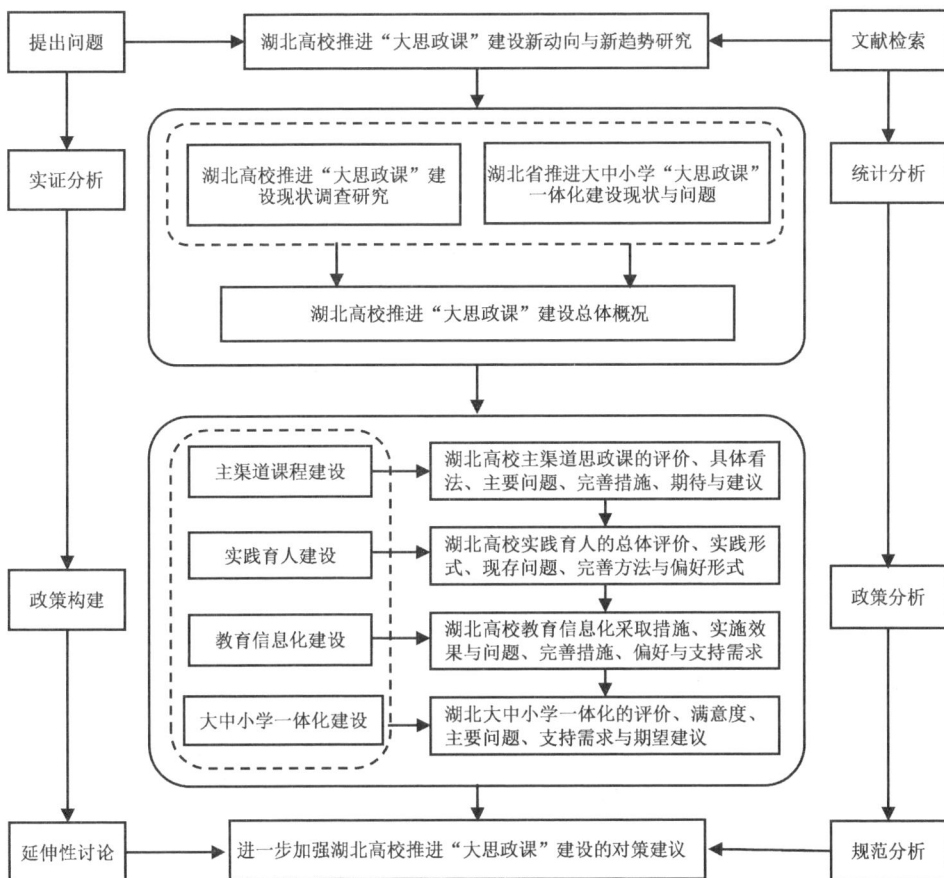

图 2-1 湖北高校推进"大思政课"建设新动向与新趋势研究技术路线图

第三章　湖北高校推进"大思政课"建设总体概况

　　本书旨在对湖北高校推进"大思政课"建设现状进行深入调研和分析。为此，调研组广泛收集了湖北高校师生的意见和建议，对现有"大思政课"建设进行全面梳理和研究。具体涉及以下几个方面：一是介绍参与本次调查的受访者基本信息，包括调查对象的性别、年龄、担任职务、职称和教学经验等情况；二是对湖北高校推进"大思政课"主渠道课程建设的现状与问题进行分析，包括教师对课程建设效果的评价以及思政课实践教学的形式和优化问题；三是探讨湖北高校推进"大思政课"教育信息化建设现状以及师资队伍建设现状和问题；四是将重点放在总结湖北省大中小学"大思政课"一体化建设现状与问题上。通过对调查结果的综合分析，调研组得出关于湖北高校推进"大思政课"建设现状和问题的结论，并提出相关的建议和措施，以期为进一步完善和推进湖北省"大思政课"建设提供有益参考和借鉴。

第一节　湖北高校推进"大思政课"建设整体现状调研

一、受访者基本信息

《湖北高校推进"大思政课"建设现状调查研究》的第一部分基本信息调查中，调研组共收集了202份有效问卷，旨在深入了解湖北高校推进"大思政课"建设的相关人员的基本属性，包括性别、年龄、工作身份、职称和教学经验等维度。通过这些基本信息，我们期望描绘出参与推进"大思政课"建设的教师和工作人员的基本概貌，为后续深入分析"大思政课"建设的现状和存在的问题提供基础数据和出发点。

数据结果显示，从性别分布方面来看，男性受访者占比为41.58%，而女性受访者占比为58.42%，性别分布相对均衡，女性受访者略多于男性；从年龄分布方面来看，受访者年龄主要集中在20—30岁和31—40岁两个年龄段，分别占比49.01%和28.71%。其中，20—30岁的受访者最多，占据接近一半比例，其次是31—40岁年龄段，而51岁及以上的受访者最少，仅占比8.42%；从工作身份分布方面来看，调查对象主要包括专（兼）职思政课教师、大学专业课教师、党政教辅以及管理人员和其他职务。其中，专（兼）职思政课教师占48.51%，是受访者中占比最大的群体；从职称分布方面来看，讲师（或中级职称）和助教（或初级职称）占据了较大比例，前者占比37.62%，后者占比28.71%，相比之下，副教授（或副高职称）和教授（或正高职称）的教师占比较低，分别为12.87%和7.92%；从教学经验分布方面来看，超过七成受访者（71.78%）拥有5年及以下的教学经验，而15年及以上的教学经验的受访者只有13.37%，相对较少。

综合分析基本信息调查结果，得出以下重要认识：从性别角度看，女性教师在此次调研中占据主导，这或许意味着在当前的思政课教育中，女性教师的活跃度和参与度较高，对"大思政课"建设的影响力不容忽视；从年龄段划分看，20-40岁的年轻和中青年教师是最主要的群体，这显示了新一代教师在推动和参与"大思政课"建设中的活跃和关键作用。与此同时，这个年龄段的教师可能具有更开阔的视野和更灵活的教学理念，对于新型教学方法和技术的接纳程度可能更高；在职务方面，专（兼）职思政课教师占据了一半左右的比例，凸显了其在整个"大思政课"建设中的核心地位。然而，我们也注意到，一定比例的大学专业课教师、党政教辅及管理人员也在参与其中，这表明了"大思政课"建设的跨学科、跨领域特性；从职称角度，我们注意到职称的分布相对均衡，具有多样性。这可能体现了教师队伍中的层次结构和多元化特征。然而，高级职称（如教授）的教师占比较低，这可能会对"大思政课"建设的深度和广度产生一定影响；在教学经验方面，大部分教师的教学经验在5年及以下，这可能暗示了这个群体对教学方法的探索、教学技术的运用和新理念的接纳可能更为敏捷，但也可能存在理论积累不足和实践经验不足的问题。

表3-1　湖北高校推进"大思政课"大思政课建设现状调查受访者基本信息

问题	选项	人数	比例
您的性别是？	A. 男	84	41.58%
	B. 女	118	58.42%
	总计	202	100%
您的年龄是？	A.20-30岁	99	49.01%
	B.31-40岁	58	28.71%
	C.41-50岁	28	13.86%
	D.51岁及以上	17	8.42%
	总计	202	100%
您目前担任的工作是？	A. 专（兼）职思政课教师	98	48.51%
	B. 大学专业课教师	28	13.86%
	C. 党政教辅以及管理人员	51	25.25%
	D. 其他（请注明）	25	12.38%
	总计	202	100%

问题	选项	人数	比例
您的职称是？	A. 教授（或正高职称）	16	7.92%
	B. 副教授（或副高职称）	26	12.87%
	C. 讲师（或中级职称）	76	37.62%
	D. 助教（或初级职称）	58	28.71%
	E. 其他（请注明）	26	12.87%
	总计	202	100%
您的教学经验是？	A.5 年及以下	145	71.78%
	B.5–10 年	22	10.89%
	C.10–15 年	8	3.96%
	D.15 年及以上	27	13.37%
	总计	202	100%

二、湖北高校推进"大思政课"主渠道课程建设现状与问题

在湖北高校推进"大思政课"主渠道课程建设部分，数据展示了受访者对当前主渠道思政课建设的总体评价、主渠道思政课不同方面的满意度、存在的主要问题，以及对提升教学效果的建议等多个方面。总体上，对"大思政课"建设的满意度较高，但也反映出在教学内容、方法以及评价体系等方面存在的问题。这些问题的存在可能影响了教学效果的提升。另外，受访者对提升教学效果的措施有明确的期待，主要集中在优化课程设置、丰富课程内容、创新教学方法、革新评价体系等方面。调研组对这些数据进行详细的分析，深入探讨影响"大思政课"建设的各种因素，以及如何提高教学效果的可能策略。

一是总体评价，在对目前湖北高校主渠道思政课建设的总体评价中，超过一半的受访者持满意或非常满意的态度，其中满意占比52.97%，非常满意占比25.74%。只有极少数受访者对目前的思政课建设表示一般满意（20.79%），几乎没有人选择不满意或非常不满意，这显示出湖北高校"大

思政课"建设在整体上受到了较高的认可；二是具体评价，受访者对六个方面的思政课建设进行了评价。在这些方面中，党的创新理论研究阐释和教育教学的自主知识体系以及思政课课程群得到了较高的满意度，分别为54.46% 和 51.98%。在教学评价体系方面，满意度相对较低，为 48.02%。这表明湖北高校"大思政课"在知识体系的构建和课程群建设上表现较好，但对于教学评价体系仍有待提升；三是主渠道思政课存在的问题。数据结果中，综合得分最高的是"教学内容与学生需求不够契合"（3.19 分），其次是"党的创新理论融入程度欠缺"（2.94 分）、"思政课课程体系建设不够完备"（2.68 分）、"教学方法和教学手段不够创新"（2.58 分）和"教学评价体系建设缺乏科学性"（1.93 分）。这表示在教师们眼中，当前的教学内容、理论融入、课程体系建设、教学方法和评价体系都存在一定的问题，尤其是教学内容与学生需求的契合度，是目前亟待解决的主要问题；四是提升教学效果的措施，大多数受访者赞成采取丰富课程内容、促进课堂互动（84.65%），创新教学方法、提高教学质量（75.25%），以及优化课程设置、完善课程体系（72.77%）。同时，也有一部分受访者建议革新评价体系、提升教师素质（65.84%）。很少有人选择了其他未列出的措施（0.99%）；五是对"大思政课"改革创新的期望，受访者对改革创新"大思政课"课程主渠道建设有着积极的期望。其中，有些受访者希望更加注重党的创新理论融入程度，加强与学生需求的契合，拓展教学内容和方法，以及提升教学评价体系的科学性。另外，还有受访者希望更加注重培养学生的创新意识和思辨能力，加强与实践结合的教学，提高教师教学素质。这些期望反映了对"大思政课"课程建设持续改进和发展的迫切需求。

综上所述，本部分揭示了湖北高校推进"大思政课"主渠道课程建设的现状和问题。总体而言，对湖北高校的思政课建设评价积极，满意度高。受访者对各个方面如党的创新理论、课程体系、教学内容等都给出了较高的评价。然而，仍存在一些问题，例如教学内容与学生需求不完全契合，党的创新理论融入程度不足，课程体系不完备等。为了提升思政课的教学效果，受访者建议学校优化课程设置、丰富课程内容、创新教学方法，并改革评价体系。同时，受访者对于思政课建设的改革创新也抱有积极的期待。整体来看，虽然湖北高校在推进思政课建设方面取得了显著的进步和成果，但仍有一些关键的问题需要解决。此外，持续的创新和改革以及更好地满足学生的需求将是未来思政课建设的重要方向。

1. 您对目前湖北高校主渠道思政课建设的总体评价是？（单选）

表3-2 湖北高校推进"大思政课"主渠道课程建设的总体评价

选项	人数	比例
非常满意	52	25.74%
满意	107	52.97%
一般	42	20.79%
不满意	1	0.5%
非常不满意	0	0%
总计	202	100%

2. 您对目前湖北高校主渠道思政课（以下6个方面）的看法是？

表3-3 湖北高校推进"大思政课"主渠道课程建设的具体评价

选项	非常满意	满意	一般	不满意	非常不满意
1）党的创新理论研究阐释和教育教学的自主知识体系	56（27.72%）	110（54.46%）	31（15.35%）	2（0.99%）	3（1.49%）
2）思政课课程群	55（27.23%）	105（51.98%）	36（17.82%）	4（1.98%）	2（0.99%）
3）思政课教材体系	56（27.72%）	110（54.46%）	29（14.36%）	4（1.98%）	3（1.49%）
4）课堂教学内容	52（25.74%）	110（54.46%）	34（16.83%）	4（1.98%）	2（0.99%）
5）课堂教学方法	52（25.74%）	104（51.49%）	37（18.32%）	7（3.47%）	2（0.99%）
6）教学评价体系	44（21.78%）	97（48.02%）	51（25.25%）	7（3.47%）	3（1.49%）

3. 在推进"大思政课"课堂教学优化的过程中，您认为当前存在的主要问题是什么？（排序题）

表3-4　湖北高校推进"大思政课"主渠道课堂教学的主要问题

选项	综合得分	第1位	第2位	第3位	第4位	第5位	人数
C. 教学内容与学生需求不够契合	3.19	60（33.71%）	37（20.79%）	46（25.84%）	23（12.92%）	12（6.74%）	178
A. 党的创新理论融入程度欠缺	2.94	73（40.78%）	16（8.94%）	22（12.29%）	30（16.76%）	38（21.23%）	179
B. 思政课课程体系建设不够完备	2.68	31（18.45%）	49（29.17%）	35（20.83%）	33（19.64%）	20（11.9%）	168
D. 教学方法和教学手段不够创新	2.58	25（15.24%）	49（29.88%）	36（21.95%）	39（23.78%）	15（9.15%）	164
E. 教学评价体系建设缺乏科学性	1.93	13（8.33%）	36（23.08%）	26（16.67%）	21（13.46%）	60（38.46%）	156

4. 您认为在完善主渠道思政课教学中，学校应该采取哪些措施提升教学效果？（多选题）

表3-5　湖北高校推进"大思政课"主渠道课程建设的完善措施

选项	人数	比例
A. 优化课程设置，完善课程体系	147	72.77%
B. 丰富课程内容，促进课堂互动	171	84.65%
C. 创新教学方法，提高教学质量	152	75.25%
D. 革新评价体系，提升教师素质	133	65.84%
E. 其他，请注明：	2	0.99%
总计	202	

5. 您对改革创新"大思政课"课程主渠道建设的期待是什么？请分享您的看法或建议。（填空题）

三、湖北高校推进"大思政课"实践育人建设现状与问题

在对湖北高校推进"大思政课"实践育人建设现状与问题的调查中，调研组发现，虽然大多数受访者对现有实践育人的效果给予了积极的评价，

但仍存在一些关键问题和挑战，如学生实践活动的参与度、理论教学与实践教学的结合程度以及学校与社会资源合作机制等方面。以下对这些问题进行深入的分析，并探讨可能的解决策略。

第一，关于实践育人建设效果评价。对于目前湖北高校推进"大思政课"实践育人建设的效果评价，超过一半的受访者认为较好，但仍存在需要改进的方面（54.46%）。有27.23%的受访者表示效果很好，能够有效实现思政教育的目标。只有极少数受访者认为实践育人建设不够理想，需要大幅度改进和提升（1.98%）。这表明湖北高校在推进"大思政课"实践育人建设方面取得了一定成效，但仍有改进空间；第二，关于实践形式要求。在思政课实践教学要求学生完成的实践形式中，社会调查研究是最受欢迎的，占比达到79.7%（161人）。其次是红色主题参访和经典著作阅读，分别占比66.34%和67.82%。相较而言，聆听各类讲座的比例较低（45.05%），可能因其相对被动，且与实际生活联系不够紧密；第三，关于面临的主要问题和挑战。在思政小课堂与社会大课堂有机结合的实践中，受访者普遍认为学生实践活动参与度不高（73.27%）和理论教学与实践教学结合不够（77.23%）是主要问题。

第四，关于提升效果的措施。最受认可的方法是调动学生参与社会实践的积极性和主动性（79.21%），突显了学生主体地位的重要性。加强实践教学与课堂教学内容的融合设计（70.3%）和提高教师实践育人的理解水平和教学能力（60.4%）被视为改善教学效果的关键手段，强调了实践与理论的结合以及教师角色的重要性。而增进学校与社会资源合作（64.85%）则表明了社会资源在提升实践教学质量中的重要作用。而更好建设和利用红色实践基地（42.57%）的支持度较低，可能因其在资金支持、场地选择、活动组织等方面面临一系列挑战；第五，关于偏好的实践形式。受访者更偏爱由思政教师引导的教学实践形式，其中以思政教师带队在校外开展实践教学（79.21%）最受欢迎，其次是思政教师引导的课堂实践，如主题演讲、案例讨论等（76.24%）。学生按要求自行组队开展社会调查

（58.42%）的形式也得到了相对较高的支持。然而，以网络为平台的实践教学活动，如远程学习、在线课堂等（47.52%）相对较少受欢迎，可能与网络教学无法提供足够的互动和实际体验有关。

在湖北高校推进"大思政课"实践育人建设的调查中，我们发现大多数受访者对实践育人的效果给予积极评价，但也指出了如学生实践活动参与度不高、理论与实践结合不够以及学校与社会资源合作机制不完善等问题。其中，社会调查研究是受欢迎的实践形式，而聆听讲座的参与度较低。为提升效果，受访者认可调动学生参与社会实践的积极性，加强实践教学与课堂教学内容的融合设计，以及提高教师的理解和教学能力。另外，受访者偏好由思政教师引导的实践形式，尤其是校外实践教学和课堂实践，而网络教学相对不太受欢迎。总体上，尽管现有实践育人效果较好，但仍需进一步提升学生的参与度，加强理论与实践的结合，并优化学校与社会资源的合作机制。

表3-6　湖北高校推进"大思政课"实践育人建设现状与问题

问题	选项	人数	比例
1. 目前，湖北高校推进"大思政课"实践育人建设方面的效果如何？（　）〔单选题〕	很好，能够有效实现思政教育的目标	55	27.23%
	较好，但还存在一些需要改进的方面	110	54.46%
	一般，需要进一步提升实践教学效果	33	16.34%
	不够理想，需要大幅度改进和提升	4	1.98%
	其他，请注明：	0	0%
	总计	202	100%
2. 您在思政课实践教学中要求学生完成的实践形式是（　）〔多选题〕	经典著作阅读	137	67.82%
	社会调查研究	161	79.7%
	志愿服务活动	127	62.87%
	红色主题参访	134	66.34%
	聆听各类讲座	91	45.05%
	其他，请注明：	3	1.49%
	总计	202	
3. 在思政小课堂与社会大课堂有机结合的实践中，目前存在哪些主要问题或挑战？（　）〔多选题〕	学生实践活动参与度不高	148	73.27%
	理论教学与实践教学结合不够	156	77.23%
	学校与社会资源合作机制不完善	136	67.33%
	红色实践基地建设不够完备	85	42.08%
	其他，请注明：	2	0.99%
	总计	202	

问题	选项	人数	比例
4. 湖北高校推进"大思政课"实践育人建设的过程中，学校应该采取哪些措施以取得更好的效果？（ ）[多选题]	调动学生参与社会实践的积极性和主动性	160	79.21%
	提高教师实践育人的理解水平和教学能力	122	60.4%
	加强实践教学与课堂教学内容的融合设计	142	70.3%
	增进学校与社会资源合作，提供更多实践资源支持	131	64.85%
	更好建设和利用红色实践基地	86	42.57%
	其他，请注明：	1	0.5%
	总计	202	
5. 在思政课实践教学的多种形式中，您更喜欢哪些？（ ）[多选题]	思政教师引导的课堂实践，如主题演讲、案例讨论等	154	76.24%
	思政教师带队在校外开展实践教学	160	79.21%
	学生按要求自行组队开展社会调查	118	58.42%
	参与以网络为平台的实践教学活动，如远程学习、在线课堂等	96	47.52%
	其他	0	0%
	总计	202	

四、湖北高校推进"大思政课"教育信息化建设现状与问题

湖北高校"大思政课"教育信息化建设的调查结果显示，大部分高校已经在思政教育信息化建设中做出了一些积极措施，包括设立教研系统、搭建智慧教育平台以及构建教学资源库。此外，教育信息化建设对于提高学生的学习效果和参与度也有显著的促进作用。然而，这一过程并非一帆风顺，一些问题如智慧教育平台建设的不足，教学资源库的匮乏以及教研系统的运行问题，均需要学校的高度重视和应对。针对这些问题，我们将在接下来的分析中，对教育信息化建设的现状及其所面临的问题进行详细的阐述和讨论。

从教育信息化建设措施方面来看，湖北高校在推进"大思政课"教育信息化建设方面采取了多种措施。其中，设置思政课教研系统占比最高，为67.82%。其次是搭建智慧教育平台和构建思政课教学资源库，分别占

比 75.25% 和 70.79%。这表明湖北高校在推进"大思政课"教育信息化建设方面已经取得了一定的进展；从教育信息化对学习效果和参与度的影响方面来看，绝大多数受访者（82.68%）认为教育信息化建设对于提高学生的学习效果和参与度具有积极影响。其中，25.25% 的受访者认为效果非常好，能够有效传达思政教育内容；而 57.43% 的受访者认为效果较好，但仍有改进的空间。此外，14.85% 的受访者认为效果一般，需要进一步提升信息化教学效果；仅有 1.98% 的受访者认为效果不够理想，需进行大幅度改进和提升。这些数据表明，虽然教育信息化建设在提高学生学习效果和参与度上取得了一定成效，但仍有改进和优化的空间；从面临的主要问题和挑战方面来看，在推进"大思政课"教育信息化建设过程中，学校面临的主要问题是智慧教育平台建设不足（74.26%）、思政课教学资源库匮乏（60.89%）以及思政课教研系统运行不畅（45.54%）。这些问题需要引起学校的重视，并采取相应的措施加以改进。

从利用现代技术促进思政教育创新方面来看，有 68.32% 的受访者倾向于运用移动 App 提供思政学习资源和互动工具，突显出移动学习的方便性和实时性在当下教育中的价值。大约 64.85% 的受访者支持开设在线思政课程和虚拟学习平台，而 61.88% 和 62.38% 的受访者分别看好利用人工智能和大数据进行教学，这体现了他们对这些先进技术在个性化教学和精准教育中的潜力的认识，提示学校应更深入地探索这些技术在思政课教育中的应用。然而，关于建立在线社群和讨论平台，仅有 41.09% 的人表达出支持。这可能表明，传统的在线交流方式已逐渐无法满足现代学生的学习需求。高校应考虑如何更好地整合和运用新的社交媒体工具，以适应学生的交流方式，并进一步提升他们的学习参与度；从受访者对喜欢的信息化技术教学方式的偏好来看，他们最喜欢的信息化技术教学方式包括运用慕课、智慧树等线上教学平台（63.37%）和使用雨课堂、超星学习通等智慧教学工具（69.8%）。这些结果显示了学生对于借助信息化技术的思政课教学方式的一定偏好；从加强信息化教育形式建设的支持方面来看，有超过七成（78.71%）的受访者认为湖北高校应加强对教学方法和手段的创新与改进的支持。这显示出受访者们对教学模式创新的高度重视，同时也反映了他们对传统教学模式可能存在的疑虑或不满。另外，70.79%的受访者认为高校应加强对教师信息化素养的培训和专业发展，而68.32%的受访者强调了引导和培养学生参与信息化教学活动的重要性。这两个结果都强调了教师和学生在推动教育信息化建设中的核心地位。而接近六成（58.42%）的受访者提出应提供更多在线教育资源和设施支持，这可能反映了当前在线教育资源或设施可能存在的不足，也是高校在信息化建设中需要着重改善的地方。

在对湖北高校推进"大思政课"教育信息化建设的调研过程中，我们发现大部分学校已经采取了积极的措施，包括设置思政课教研系统、搭建智慧教育平台、构建思政课教学资源库以及推广网络教育宣传云平台。然而，也有一些挑战和问题需要关注，例如智慧教育平台建设的不足，思政课教学资源库的匮乏等问题。

另外，教育工作者普遍认可教育信息化建设在提升学生的学习效果和参与度上的积极作用，但仍存在需要改进和提升的地方，需要更深入地探索和实践，以更好地利用信息技术优化思政课程。此外，大部分受访者希望学校能够利用现代技术如在线课程、移动App、人工智能等推动思政教育的创新和发展。同时，他们强调教师信息化素养的培训和专业发展，以及引导和培养学生参与信息化教学活动等因素在推动教育信息化过程中的重要性。

总体来说，湖北高校在推进"大思政课"教育信息化建设的过程中已经取得了一定的成果，但也面临着一些挑战和困难。要进一步提升效果，就需要学校、教师和学生共同努力，以现代技术和创新思维，推动思政教育的发展。同时，也需要相关部门提供更多支持，如教师信息化素养的培训、教学方法的创新、在线教育资源和设施的增加等。

表 3-7　湖北高校推进"大思政课"教育信息化建设现状与问题

问题	选项	小计	比例
1. 目前贵校在推进"大思政课"教育信息化建设方面采取了哪些措施？（　）［多选题］	设置思政课教研系统	137	67.82%
	搭建智慧教育平台	152	75.25%
	构建思政课教学资源库	143	70.79%
	推广网络教育宣传云平台	104	51.49%
	其他，请注明：	2	0.99%
	总计	202	
2. 您认为教育信息化建设对于提高学生的学习效果和参与度效果如何？（　）（单选）［单选题］	非常好，能够有效传达思政教育内容	51	25.25%
	较好，但还存在一些需要改进的方面	116	57.43%
	一般，需要进一步提升信息化教学效果	30	14.85%
	不够理想，还需要大幅度改进和提升	4	1.98%
	其他，请注明：	1	0.5%
	总计	202	100%
3. 在推进"大思政课"教育信息化建设过程中，贵校面临的主要问题是什么？（　）［多选题］	思政课教研系统运行不畅	92	45.54%
	智慧教育平台建设不足	150	74.26%
	思政课教学资源库匮乏	123	60.89%
	网络教育宣传云平台缺失	65	32.18%
	其他，请注明：	3	1.49%
	总计	202	
4. 在推进"大思政课"教育信息化建设中，您认为学校应该如何利用现代技术促进思政教育的创新和发展？（　）［多选题］	开设在线思政课程和虚拟学习平台	131	64.85%
	利用移动 App 提供思政学习资源和互动工具	138	68.32%
	利用人工智能技术实现个性化的思政教育指导	125	61.88%
	利用大数据分析学生学习情况，提供针对性的教学措施	126	62.38%
	建立在线社群和讨论平台，促进师生之间的交流和合作	83	41.09%
	其他，请注明：	1	0.5%
	总计	202	

续表

问题	选项	小计	比例
5. 您喜欢哪些借助信息化技术的思政课教学方式？（ ）［多选题］	运用慕课、智慧树等线上教学平台	128	63.37%
	使用雨课堂、超星学习通等智慧教学工具	141	69.8%
	建立思政课专属网络社群与学生实时互动	124	61.39%
	创建思政课教师公众号、抖音号等，增加宣传与反馈	97	48.02%
	其他，请注明：	1	0.5%
	总计	202	
6. 您认为湖北高校在推进"大思政课"教育形式建设中应该加强哪些方面的支持？（ ）［多选题］	教师信息化素养的培训和专业发展	143	70.79%
	教学方法和手段的创新与改进	159	78.71%
	学生参与信息化教学活动的引导与培养	138	68.32%
	提供更多在线教育资源和设施支持	118	58.42%
	其他，请注明：	0	0%
	总计	202	

五、湖北高校推进"大思政课"师资队伍建设现状与问题

本部分旨在深入了解湖北高校推进"大思政课"师资队伍建设的现状与问题。通过对教师整体素质评价、对师资队伍建设满意程度、教师应具备的素质、主要问题与挑战以及提供更好的支持和资源等方面进行详细调查，揭示出当前师资队伍的优势和不足，以及学校在推进"大思政课"教育中所面临的挑战和发展需求。以下调查结果将为湖北高校优化"大思政课"师资队伍和提升教学质量提供有价值的实证参考。

第一，师资队伍整体素质评价方面。大多数受访者认为师资队伍在"大思政课"教育方面具有良好或较好的专业知识和卓越的教学能力，这表明

高校在招聘和培养师资方面已经取得一定的成绩。尽管较多受访者对师资队伍持较好评价，但仍有部分受访者（12.38%）认为师资队伍需要进一步提升，但只有少数受访者（1.49%）对师资队伍持不够理想的评价。综合来看，湖北高校"大思政课"师资队伍整体素质得到了认可，但仍需要持续努力和改进；第二，师资队伍整体满意度方面。约八成的受访者表示满意或非常满意。这反映了高校在师资队伍建设方面取得了一定的成绩，并获得了大部分受访者的认可。然而，仍有一部分受访者（19.8%）对师资队伍的满意度持一般态度；第三，思政课教师应具备的素质方面。最重要的三项素质是丰富的知识储备（79.21%），其次是严谨的教学态度（61.88%）和亲和力强的教学风格（56.44%）。其他素质如多元的教学方式（37.62%）、具有丰富的社会实践经验（23.27%）、具有创新思维（13.37%）和具有国际视野（5.45%）相对受到的关注较少。这可能意味着受访者在素质选择上更加注重教师的学科知识和教学态度，而对于教学方式的多样性和其他方面的要求则相对灵活或宽松。

第四，面临的主要问题和挑战方面。师资能力培训及支持措施不够是最为突出的问题，占比为65.35%。这表明湖北省高校在提供教师培训和支持方面还存在一定缺失，人才激励机制不足也是一个较为普遍的问题，占比为70.3%，反映出当前学校在吸引和激励优秀教师方面还存在一定的困难。其他存在的问题包括师资队伍引进体制存在漏洞（38.12%）、师资队伍人才评价体制不健全（59.9%）、队伍团队建设不到位（38.61%）和师资退出机制缺失（24.26%）。这些问题的存在可能会影响到师资队伍的整体素质和稳定性，需要学校制定相应的政策和措施来加以解决。第五，提供更好的支持和资源方面。受访者认为最重要的支持措施是提供更加完善的师资培训（68.81%）和优化职称评定等人才评价体制（65.84%）。同时，加强教学研讨、学术交流等活动（44.55%）和建立专门的教师发展基金和奖励制度（45.05%）也被认为是关键举措。此外，严把教师队伍入口关（54.95%）和加大力度资助相关课题研究（58.42%）也得到一定的关注。

通过采取这些措施，学校可以提供更有效的支持和资源，进一步提升"大思政课"师资队伍的素质和能力。

通过对湖北高校推进"大思政课"师资队伍建设现状与问题的调查分析，我们得出以下结论：师资队伍整体素质得到认可，但仍需要持续努力和改进；多数受访者对师资队伍建设满意，但也有部分人持一般态度；丰富的知识储备、严谨的教学态度和亲和力强的教学风格被认为是最重要的教师素质；师资能力培训及支持措施不够、人才激励机制不足等是当前面临的主要问题；提供更加完善的师资培训、优化人才评价体制、加强教学研讨和建立奖励制度等措施被认为是改进"大思政课"师资队伍建设的关键。综合以上调查结果，可为湖北高校优化"大思政课"师资队伍和提升教学质量提供参考。

表3-8　湖北高校推进"大思政课"师资队伍建设现状与问题

问题	选项	小计	比例
1. 您对当前湖北高校"大思政课"相关师资队伍的整体素质评价是什么？（单选） ［单选题］	好，具有完备的专业知识和卓越的教学能力	51	25.25%
	较好，但仍存在一定的改进空间	121	59.9%
	一般，需要进一步提升师资队伍的素质	25	12.38%
	不够理想，师资队伍亟须改进和提升	3	1.49%
	其他，请注明：	2	0.99%
	总计	202	100%
2. 您对贵校"大思政课"师资队伍建设整体状况是否满意？（单选） ［单选题］	非常满意	43	21.29%
	满意	118	58.42%
	一般	40	19.8%
	不满意	1	0.5%
	非常不满意	0	0%
	总计	202	100%
3. 您认为思政课的教师应该具备哪些素质？（限选三项） ［多选题］	丰富的知识储备	160	79.21%
	严谨的教学态度	125	61.88%
	亲和力强的教学风格	114	56.44%
	多元的教学方式	76	37.62%
	具有丰富的社会实践经验	47	23.27%
	具有创新思维	27	13.37%
	具有国际视野	11	5.45%
	总计	202	

续表

问题	选项	小计	比例
4.在推进"大思政"师资队伍建设过程中，您认为当前存在的主要问题是什么？[多选题]	师资队伍引进体制存在漏洞	77	38.12%
	师资能力培训及支持措施不够	132	65.35%
	师资队伍人才评价体制不健全	121	59.9%
	人才激励机制不足	142	70.3%
	队伍团队建设不到位	78	38.61%
	师资退出机制缺失	49	24.26%
	其他，请注明：	2	0.99%
	总计	202	
5.在推进"大思政"师资队伍建设中，您认为学校应该如何提供更好的支持和资源？[多选题]	严把教师队伍入口关	111	54.95%
	提供更加完善的师资培训	139	68.81%
	加大力度资助相关课题研究	118	58.42%
	优化职称评定等人才评价体制	133	65.84%
	优化评奖评优等考核环节	101	50%
	建立专门的教师发展基金和奖励制度	91	45.05%
	加强教学研讨、学术交流等活动	90	44.55%
	建立师资退出机制	37	18.32%
	其他，请注明：	0	0%
	总计	202	

第二节 湖北高校推进"大思政课"建设普遍性问题调研

一、受访者基本信息

湖北省推进大中小学"大思政课"一体化建设是当前教育改革的重要探索，旨在提升思想政治教育的质量和广度，进一步加强对学生思想政治教育的有效性和深度，推动学生全面发展。这项举措旨在将思政课贯穿于学校各个层级，确保学生在成长过程中能够接受到全面的思想政治教育。在这一过程中，广大教师发挥着重要的作用，他们是这一改革的中坚力量。为了了解该建设的现状与问题，我们进行了一项调查，共收集了172位参与者的反馈意见。通过对性别、年龄、工作身份、职称和教学经验等方面的数据进行分析，我们可以全面了解参与"大思政课"建设的教师和工作人员的特征和结构，为更深入探讨"大思政课"建设提供有力的数据支持。

从性别分布来看，女性教师比例较高，占70.35%，而男性教师比例为29.65%，这反映出女性教师参与"大思政课"一体化建设的比例较高，或者女性教师可能更愿意参与此类问卷调查；从年龄分布来看，31-40岁的教师占比最多，达到34.3%，其次是41-50岁的教师，占25%，这表明湖北省推进"大思政课"建设的教师中，中青年教师的占比最多；从职业分布来看，大部分参与调查的教师是专（兼）职思政课教师，占比高达52.91%；其次是中小学教师，占比36.63%。其他包括大学专业课教师、党政教辅以及管理人员等占比较低；从职称分布来看，讲师（或中级职称）的教师占比最高（50.58%），其次是副教授（或副高职称）（24.42%）。教授（或正高职称）的教师比例最低（2.91%）。这可能意味着大部分参与调查的教师职位处于中级和初级职称阶段，而高级职称的教师在该领域参与较少；从教学经验来看，教学经验在15年及以上的教师比例最高（40.12%），而5年及以下教学经验的教师比例相对较低（33.14%）。这表明湖北省推进"大思政课"一体化建设中，拥有较丰富教学经验的教师参与的热情更为高涨。

通过对以上特征和结构的分析，可以更深入地了解"大思政课"建设的参与者群体的背景和特点，这有助更全面地审视目前建设进展中可能面临的问题和挑战，例如，是否需要提供更多针对女性教育工作者的支持措施，是否应该加强中青年教师的培训和发展等。同时，也为未来改进和优化"大思政课"建设提供了一定的参考依据。

表3-9 湖北省推进大中小学"大思政课"一体化建设现状与问题调查受访者基本信息

问题	选项	小计	比例
第1题 您的性别是？ [单选题]	男	51	29.65%
	女	121	70.35%
	总计	172	100%
第2题 您的年龄是？ [单选题]	20-30岁	33	19.19%
	31-40岁	59	34.3%
	41-50岁	43	25%
	51岁及以上	37	21.51%
	总计	172	100%
第3题 您目前担任的工作是？ [单选题]	专（兼）职思政课教师	91	52.91%
	大学专业课教师	6	3.49%
	党政教辅以及管理人员	9	5.23%
	中小学教师	63	36.63%
	其他	3	1.74%
	总计	172	100%
第4题 您的职称是？ [单选题]	教授（或正高职称）	5	2.91%
	副教授（或副高职称）	42	24.42%
	讲师（或中级职称）	87	50.58%
	助教（或初级职称）	23	13.37%
	其他（请注明）	15	8.72%
	总计	172	100%
第5题 您的教学经验是？ [单选题]	5年及以下	57	33.14%
	5-10年	22	12.79%
	10-15年	24	13.95%
	15年及以上	69	40.12%
	总计	172	100%

二、湖北省大中小学"大思政课"一体化建设现状与问题

本部分调查主要关注湖北省推进大中小学"大思政课"一体化建设的现状与问题，涵盖了对目前推进情况的评价、存在的主要问题以及在建设中需要的支持等方面。研究结果表明，进一步优化师资队伍建设、完善课程体系和教材，以及加强大中小学之间的沟通合作，将有助于提升大中小学"大思政课"教学质量和推进一体化建设的进程。下文将对调查结果进行深入分析，为推进湖北省大中小学"大思政课"一体化建设提供可行的

改进措施和发展方向。

一是现状评价方面，绝大多数参与者（约73.26%）对湖北省推进大中小学"大思政课"一体化建设的现状持较好或好的评价，显示出该项目在大多数人看来取得了一定成效；二是满意度方面，组织教师培训和交流活动获得了最高满意度（80.23%），紧随其后的是加强教学指导和支持（69.77%）以及完善教材和教学资源（69.19%）。评估和监督教学质量方面的满意度相对较低（32.56%）；三是存在的主要问题方面，最主要的问题集中在大中小学之间的合作与协调不足，占比高达83.14%。此外，也有教师认为课程体系不够完整（51.74%）、组织管理有待加强（42.44%）以及教材设置不够合理（42.44%）等问题需要解决；四是需要的支持方面，教师普遍认为在推进大中小学"大思政课"一体化建设中，最需要支持的方面是加强大中小学之间的沟通合作（85.47%）。此外，课程体系建设与完善（65.7%）、教材编写与实时更新（61.05%）以及加强师资队伍建设（56.4%）等也是重要的支持方向。

综合分析以上数据，湖北省大中小学"大思政课"一体化建设在大部分教师看来取得了一定的成效，但仍面临着合作与协调、课程体系完整性、组织管理等方面的问题。加强教学指导和支持、完善教材和教学资源、组织教师培训和交流活动等方面得到教师的认可，但对评估和监督教学质量的满意度相对较低。为进一步提升"大思政课"教学质量和推进一体化建设的进程，需要加强大中小学之间的沟通合作，完善课程体系和教材，以及提升师资队伍建设。同时，优化评价体系和改进组织管理等方面也需引起重视。通过有针对性的改进措施，将有助于推动"大思政课"一体化建设在湖北省教育体系中取得更好的发展和成效。

表 3-10 湖北省推进大中小学"大思政课"一体化建设现状与问题

问题	选项	小计	比例
第 6 题 您认为当前湖北高校推进大中小学"大思政课"一体化建设的现状如何？[单选题]	好	19	11.05%
	较好	107	62.21%
	一般	36	20.93%
	差	0	0%
	不太清楚	10	5.81%
	总计	172	100%
第 7 题 您认为湖北高校在推进大中小学"大思政"一体化建设中哪些方面的工作让您满意？（限选三项）	加强教学指导和支持	120	69.77%
	完善教材和教学资源	119	69.19%
	组织教师培训和交流活动	138	80.23%
	评估和监督教学质量	56	32.56%
	其他，请注明：	8	4.65%
	总计	172	
第 8 题 您认为目前湖北高校在推进大中小学"大思政课"一体化建设中存在的主要问题是什么？[多选题]	课程体系不够完整	89	51.74%
	教材设置不够合理	73	42.44%
	大中小学之间的合作与协调不足	143	83.14%
	组织管理有待加强	73	42.44%
	教学方法不够多样	56	32.56%
	师资力量不够充足	59	34.3%
	评估机制有待完善	71	41.28%
	其他，请注明：	4	2.33%
	总计	172	
第 9 题 您认为在推进大中小学"大思政课"一体化建设中需要哪些方面的支持？[多选题]	课程体系建设与完善	113	65.7%
	教材编写与实时更新	105	61.05%
	加强大中小学沟通合作	147	85.47%
	完善组织管理	89	51.74%
	加强师资队伍建设	97	56.4%
	优化评价体系	80	46.51%
	其他，请注明：	1	0.58%
	总计	172	

第四章　湖北高校推进"大思政课"主渠道建设现状与问题

习近平总书记指出："思政课课堂是大学生思政教育的主阵地,肩负着培养担当民族复兴大任的时代新人,培养德智体美劳全面发展的社会主义建设者和接班人的重大使命与责任。"[①] 近年来,湖北各高校高度重视"大思政课"建设,在主渠道建设方面,许多高校在建构党的创新理论研究阐释和教育教学的自主知识体系、建强思政课课程群、优化思政课教材体系、拓展课堂教学内容、创新课堂教学方法、优化教学评价体系等方面卓有成效,形成了具有地域特色、高校特色的建设经验。这些建设经验成为思政课教学的重要组成部分,在促进实现思政课全员、全过程、全方位育人,促进思想政治理论从隐性教育向显性教育转化,从被动理解向主动运用迁移等方面发挥着重要作用,同时也形成了一系列具有借鉴意义的教育案例。当然,湖北各高校在推进"大思政课"建设,特别是主渠道建设的过程中还存在一些问题。例如,教材语言向教学语言转化不够顺畅、课堂教学亲和力和针对性不足、课堂教学评价体系缺乏科学性等。这些问题在一定程

---

① 习近平主持召开学校思想政治理论课教师座谈会强调用新时代中国特色社会主义思想铸魂育人贯彻党的教育方针落实立德树人根本任务［N］. 人民日报,2019-3-19（1）.

度上对湖北地区"大思政课"建设产生了影响，因此，在合理的调整和规划中，需要推进"大思政课"的主渠道建设向着正确的方向走深走实。

第一节　湖北高校推进"大思政课"主渠道建设现状

　　高校思想政治工作是学校各项工作的生命线，关乎学校办学方向，也关乎育人的根本。如何做好新时代高校思想政治工作？关键在于打造"大思政"格局，突破思政资源各自为政、信息孤岛等困境，实现育人的最大合力。近年来，湖北省大力推进高校"大思政课"建设工程，特别是在"大思政课"主渠道建设方面，由此也形成了一系列优秀的建设经验和案例。从宏观上看，高校"大思政课"主渠道建设使得高校思想政治教育质量显著提升，教师队伍逐渐壮大，教学内容逐渐完善，教学反馈更加积极，在许多方面取得了出色的成果；从微观上看，湖北省内的多所高校结合自身特色，依托实际资源，形成了一大批优秀的主渠道建设特色案例，为湖北省"大思政课"主渠道建设提供了理论参考和实践借鉴。

一、湖北高校推进"大思政课"主渠道建设概况

　　本项目研究组选取了湖北省部分高校的部分教师、学生和教育管理部门人员为调查对象，围绕湖北省"大思政课"的现状和不足进行问卷调查。通过把握湖北高校"大思政课"建设现状，为进一步探索高校"大思政"建设机制提供理论参考和实践借鉴。

　　调查结果显示，大部分受调查者对目前湖北高校主渠道思政课建设的总体评价为满意或非常满意，评价较为积极。对于目前的湖北高校主渠道，

党的创新理论研究阐释和教育教学的自主知识体系和思政课课程群都获得了受调查者的满意。然而，在课堂教学方法和教学评价体系方面，受调查者的满意度较低。在推进"大思政课"课堂教学优化的过程中，受调查者认为当前存在的最主要问题是教学内容与学生需求的契合度不够。同时，受调查者也对在完善主渠道思政课教学过程中，学校应采取哪些措施方面给予了不同重要程度的排序。

（一）主渠道建设满意度较高，但仍存在不足

对主渠道建设的满意度评价是推动湖北省高校"大思政课"主渠道建设的关键。根据调查结果显示（表4-1），有25.74%的受调查者对湖北高校主渠道思政课建设的总体评价为非常满意，52.97%的受调查者对湖北高校主渠道思政课建设的总体评价为满意，20.79%和0.5%的受调查者对湖北高校主渠道思政课建设的总体评价为一般和满意，没有受调查者表示不满意。深入分析调查结果可以发现，超过七成的受调查者对湖北高校主渠道思政课建设的总体评价是满意及以上的，说明湖北省高校"大思政课"主渠道建设满意度较高，但仍有近三成受调查者认为目前的建设效果一般或未达到预期。因此，从满意度的角度看，目前湖北省高校主渠道思政课建设仍存在改进的空间。

表4-1　对湖北高校主渠道思政课建设的总体评价

选项	小计	比例
非常满意	52	25.74%
满意	107	52.97%
一般	42	20.79%
不满意	1	0.5%
非常不满意	0	0%
本题有效填写人次	202	

（二）主渠道思政课内容丰富，形式多样

目前湖北省高校主渠道思政课建设的内容丰富，形式多样，形成了较为完善的课程建设体系，如党的创新理论研究阐释和教育教学的自主知识体系、思政课课程群、思政课教材体系、课堂教学内容、课堂教学方法、教学评价体系等。调查结果显示（表4-2），这些课程建设体系发展较为完善，受调查者对这些体系的建设满意度较高。深入分析调查结果可以发现，党的创新理论研究阐释和教育教学的自主知识体系和思政课课程群的满意度最高，而课堂教学方法和教学评价体系的满意度较低。因此，尽管目前湖北省高校"大思政课"主渠道建设内容丰富，形式多样，但在创新课堂教学方法和优化教学评价体系等方面仍需进一步完善。

表4-2　对目前湖北高校主渠道思政课的看法

题目 \ 选项	非常满意	满意	一般	不满意	非常不满意
1）党的创新理论研究阐释和教育教学的自主知识体系	56（27.72%）	110（54.46%）	31（15.35%）	2（0.99%）	3（1.49%）
2）思政课课程群	55（27.23%）	105（51.98%）	36（17.82%）	4（1.98%）	2（0.99%）
3）思政课教材体系	56（27.72%）	110（54.46%）	29（14.36%）	4（1.98%）	3（1.49%）
4）课堂教学内容	52（25.74%）	110（54.46%）	34（16.83%）	4（1.98%）	2（0.99%）
5）课堂教学方法	52（25.74%）	104（51.49%）	37（18.32%）	7（3.47%）	2（0.99%）
6）教学评价体系	44（21.78%）	97（48.02%）	51（25.25%）	7（3.47%）	3（1.49%）

（三）主渠道建设全方位优化，但还应注重学生需求

近期，随着教育部等多个部门对全面推进"大思政课"建设的重视和推进，湖北省各高校高度重视"大思政课"课程主渠道建设，在建构党的创新理论研究阐释和教育教学的自主知识体系、建强思政课课程群、优化思政课教材体系、拓展课堂教学内容、创新课堂教学方法、优化教学评价体系等多个方面进行了优化创新，很大程度上提升了高校思想政治教育的

质量，为高校思想政治教育建设产生了积极作用。但根据调查结果显示（表4-3），尽管湖北省各高校在许多方面都对"大思政课"主渠道建设进行了优化，但仍存在一些问题，其中较为突出的问题是教学内容与学生需求契合度不够和党的创新理论融入程度不足，其综合得分分别为3.19分和2.94分，说明受调查者对这两个方面的满意度较低，需要进一步加强和完善。进一步分析数据可以得出，在全面推进"大思政课"建设的过程中，还应特别注重学生的需求。

表4-3　推进"大思政课"课堂教学优化过程中的主要问题

选项	综合得分	第 1 位	第 2 位	第 3 位	第 4 位	第 5 位	小计
C. 教学内容与学生需求不够契合	3.19	60 （33.71%）	37 （20.79%）	46 （25.84%）	23 （12.92%）	12 （6.74%）	178
A. 党的创新理论融入程度欠缺	2.94	73 （40.78%）	16 （8.94%）	22 （12.29%）	30 （16.76%）	38 （21.23%）	179
B. 思政课课程体系建设不够完备	2.68	31 （18.45%）	49 （29.17%）	35 （20.83%）	33 （19.64%）	20 （11.9%）	168
D. 教学方法和教学手段不够创新	2.58	25 （15.24%）	49 （29.88%）	36 （21.95%）	39 （23.78%）	15 （9.15%）	164
E. 教学评价体系建设缺乏科学性	1.93	13 （8.33%）	36 （23.08%）	26 （16.67%）	21 （13.46%）	60 （38.46%）	156

二、湖北高校推进"大思政课"主渠道建设特色案例

在湖北高校推进"大思政课"主渠道建设的过程中，出现了一批优秀的高校特色案例。这些案例致力于探索并挖掘公共基础课、专业教育课和实践类课程中的思政元素，创新各类课程中渗透思想政治教育的方法和途径，实现各门课程与思政课协同育人的目标。

这一系列特色案例对推进"大思政课"主渠道建设走深走实具有典型的示范和引导作用。

武汉工程大学以化工为鲜明的办学特色，在守牢用好思政课堂主阵地的同时，立足学校的办学特色和专业优势，积极探索符合学校实际的思政

课程建设新路径。2014年，武汉工程大学马克思主义学院结合学校专业特色，特别开设、录制并在线公开发布了思政公开课《谁来给中国"加油"——中国石油安全的困境与出路》，该课程从国家安全和社会主义生态文明建设的视角讨论了中国能源安全面临的困境及出路问题。2015年，该课程被评为国家精品视频公开课。2017年5月，武汉工程大学党委书记程幼金提出以该视频公开课为基础，按照大思政课程建设的方向构建课内课外联动、第一二课堂融通，形成了校内各类课程与思想政治理论课同向同行的合力育人格局。同年9月，武汉工程大学召开了思想政治工作会议，提出创新机制、形成合力，党政共同负责，统筹协调，构建"大思政"格局，推进协同育人。在校领导的有力推动下，《谁来给中国"加油"》按照新内容、新模式、新机制推出大型思政公选课《加油中国》。该课程在不断开展实践探索的基础上，最终形成了能源化工底色突出、学科专业多元、专题贴近学生、定期集体备课、多师同台出彩、合力共育新人等鲜明特色。目前，《加油中国》已成为省级一流课程，并开启了武汉工程大学马克思主义学院大思政课程建设的新篇章。

通过深入分析武汉工程大学"大思政课"主渠道建设的卓越经验，我们可以看出其具有以下特色。

（一）注重协同发展

"大思政课"育人格局要求学校解决思政课程与其他课程的协同问题，完善课程体系，推动思政工作融入培养体系中，发挥其渗透式、嵌入式、融合式的协同效应。在大思政课视域下，协同育人主体虽然包括校内育人主体与校外育人主体两方面内容，但更需要政府部门、各级党委的"整体部署"与"统一领导"，以此激发育人主体的参与意识和育人责任。《加油中国》教学团队在学校党委的领导下，由马克思主义学院牵头组织实施，学校宣传部、教务处、学生工作部、校团委、二级学院等单位共同参与，从主题内容选定、主讲教师遴选、课程整体规划，到教师集体备课、教学环节实施和新闻宣传报道，形成了一套完整的思政课程体系。

"大思政课"协同育人格局包含着丰富的实践逻辑和内在逻辑。要想在思政课中兼顾理论的全面性和专业性，实践的广泛性和多维性，就必须让更多优质的社会资源和社会力量走上讲台，形成全新的协同育人合力，以增强实践教学的实践性，缩小理论教学的距离感，提高学生的认同度和获得感。"大思政课"协同育人机制是确保所有育人资源和育人主体得到整合与调动的重要保障，是实现社会现实和专业知识深度结合的重要抓手，也是实现多元师资和多元力量同向、同心、同时发力，以及实践改造和理论涵养双向互动的基本保障。《加油中国》课程每年进行一次规划，通过3—5年的建设，努力打造成为"授课教师引以为荣、选课学生引以为幸"的思政金课新品牌。《加油中国》课程选题聚焦大学生关心的热点难点问题，如《中国靠什么日益走近世界舞台中央》《从文化视角解码国产热门电影》《如何助力绿色发展》《读红色家书、为梦想加油》《世界能源格局与中国能源低碳发展》《弘扬伟大建党精神、走好新的赶考之路》等大学生感兴趣的话题。与传统思政课不同，《加油中国》的授课教师全部具有博士学位或高级职称，并且他们学科背景丰富，既有人文社科专家，也有科学工程技术"大咖"，同时邀请了具有丰富管理经验或基层工作经历的校内外专家和学者。

在思政课教学中，教学资源是保证思政教学活动顺利开展的基础。"大思政课"要求高校联合优秀的师资力量，共同构建育人载体，充分发掘育人资源，提升协同育人效率。协同育人资源是"大思政课"协同育人格局建构的抓手，是推进价值指引、思想引领和人格塑造工作的载体，能够帮助学生加深对教学内容中的历史精神、价值观念和思想理论的理解和认识，为学生提供多样性的知识体验、情感体验和理论体验。然而，在发掘和整合协同育人资源的过程中，我们需要从校内与校外资源的角度出发，提高协同育人资源的全面性。武汉工程大学《加油中国》特色思政课程授课方式灵活多样，不拘泥于"一人一桌一讲台"，而是采用多师同台出彩的方式。

每堂课至少有两位教师登台授课，每堂课确定一个主题，采用专题、对谈、访谈、辩论等多种教学形式，进行全方位、多层次、宽领域的透视和解析。目前，《加油中国》是武汉工程大学正在重点打造的国家级一流课程之一，成为大思政课堂的主阵地。

（二）与"大实践"紧密结合

实践教学是高校思想政治理论课教学中的重要环节，对提高思想政治理论课教学的实效性具有十分独特的作用。近年来，武汉工程大学围绕"大思政课"课程建设，依托《加油中国》的传播平台，积极整合校内教育教学资源，制定了详细可行的实践教学计划。在武汉工程大学本科生思想政治理论课实施方案中，四门必修课除了安排有课内实践教学计划以外，还规定了包括学时和学分在内的课外实践教学计划。其中"毛泽东思想和中国特色社会主义理论体系概论"课外实践学时和学分最多，分别为28学时和1.5学分。为了将"概论"课实践学时落到实处，武汉工程大学从2006级本科生开始，将"概论"课课内80学时平分为二，分别在第四、五学期开设，每个本科生除了获得4.5个课内学分之外，还必须通过两个学期中的暑期社会调查等课外实践活动，同时获得1.5个课外学分，才算修完"概论"课。如果因故漏掉实践活动或实践活动成绩不合格，必须通过补修或重修，直到获得这个学分为止。学分制的实施大大提高了学生参与社会实践的积极性，对于学生提高实践能力、认识社会、融入社会起到了十分积极的作用。

"大实践"教学计划还制定了详细的相关实践教学内容设计和实施方案。例如，针对不同的课程和内容，采用哪种课外实践形式，是阅读原著和伟人传记、观看经典电影和视频、举办专题学术讲座、组织辩论赛或演讲赛，还是参观社会实践基地、开展社会调查、从事志愿者和科技咨询，如何整合资源来有效实施这些实践活动等。

大学生全员实践是武汉工程大学思想政治理论课"大实践"的一个重

要内容，要求所有本科生在校期间至少参加一次以思想政治理论课内容为主题的社会实践活动。为了在理论和实践经验两个层面上做好这项工作，武汉工程大学积极申报了省级教学研究项目《高校思想政治理论课实践教学资源整合与利用研究》，目前研究已取得重要成果。

截至目前，武汉工程大学《加油中国》已成功开设了四季，每季8个专题，包括国家精品视频公开课主讲人、校内外专家等，20多位教师参与其中，受众面遍及全校本硕博学生。《加油中国》一经开讲、精彩纷呈，深受学生喜爱。武汉工程大学党委书记程幼金率先走进《加油中国》课堂，结合伟大抗疫精神，深刻阐述"中国共产党为什么能"，校长王存文结合学校特点，围绕实现中国"双碳"目标，聚焦新能源的寻找、开发和利用，倡导绿色低碳生活，获得了学生的热烈反响，受到了多家媒体的多次推介。《加油中国》已成功入选2020年"一省一策思政课集体行动任务清单"之湖北省"新时代中国"选择性必修课程体系建设，成为湖北省"+中国"系列课程重点展示的"十分钟课堂"之一。在湖北省"一省一策思政课"集体行动暨高校党史学习教育集中调研会上，武汉工程大学马克思主义学院围绕《加油中国》就特色思政课程与教学模式相关建设情况开展了经验交流。效果好不好，学生说了算。对于《加油中国》课堂的内容和形式，学生们普遍认为，"课程信息量大，观点独特新颖"，"既有理论性，又有亲和力"，"打破常规课堂教学模式，多师同台不同的讲解角度给人不同的感受"。武汉工程大学紧紧围绕"培养什么人，怎样培养人，为谁培养人"的这一根本问题，始终牢记初心和使命，以《加油中国》为主抓手和突破口，内培外引打造思政教学队伍"尖兵连"，持续打好提升思政课教学质量的攻坚战。

由上述分析可以看出，目前湖北高校"大思政课"主渠道建设已经取得一定成果，在课程体系、教学内容、师资队伍以及教学评价等方面有了更进一步的优化和发展，对于后续"大思政课"的建设和发展具有良好的示范和引领作用，但同时，湖北高校在推进"大思政课"主渠道建设中还存在一些问题。

第二节　湖北高校推进"大思政课"主渠道建设存在的问题

高校思政课是"育人大课""立德大课""实践大课"。思政课的本质在于讲道理，而如何将道理讲好、讲透、讲通、讲活，则是高校思政课教学改革必须重视的现实问题，但讲好、讲活、讲透思政课并非易事，对教师和学校提出了极高的要求。当前，湖北高校在推进"大思政课"主渠道建设过程中还存在教材语言向教学语言转化不够、课堂教学亲和力和针对性不足、课堂教学评价体系缺乏科学性等问题，深化推进高校"大思政课"主渠道建设，就需要准确找出这些不足之处，挖掘产生问题的原因，用"大格局"全面考量现状、用"大视野"疏解难题。

一、教材语言向教学语言转化不够

高校思政课教学从根本上而言，是内容与形式的深度结合。在内容方面，高校思政课一般采用统编教材作为教学的基础，统编教材是思政课教学的蓝本，但并不意味着教师可以按照统编教学内容"照本宣科"，而是应该结合本地、本校以及学生的具体情况来讲解教学内容，这样才能激发学生的学习兴趣，让学生愿意"抬头"并主动思考。然而，在一些高校思政课教学中，却存在教材提供什么内容、教师就讲授什么内容，教材提供什么案例，教师就讲什么案例，从教材到教材、从理论到理论等问题，忽视了对社会现实素材的挖掘，讲的都是"经典案例"；忽视了对社会发展的重大问题的关注，讲的都是"经典问题"。导致思政课未能及时跟上时代步伐，而陷入了老生常谈、味同嚼蜡，引发了学生的"课堂疲劳"。

习近平总书记指出："办好思想政治理论课关键在教师，关键在发挥教师的积极性、主动性、创造性。"思政课教师既要有坚定的政治立场，也要具备专业的教学能力，这样才能将道理"讲深、讲透、讲活"，展现马克思主义的理论魅力，让学生信服并认同，并自觉向老师学习。在高校思政课改革过程中，育人队伍不断加强，各高校都在着力建设数量充足、质量过硬的教师队伍，为教师提供岗位保障，并促进相关学科专家教师、优秀党员干部、辅导员、团委老师等思想政治工作者走进思政课堂讲授思政课，为扩大思政课育人主体的范围做出了许多努力。但由于部分思政课教师的学科背景和知识储备与专职思政课教师存在差异，存在业务上不过关、学科属性不明显等情况，在"配齐"和"建强"两大方面没有达到有机统一，育人体系建设有待加强。目前，思政课堂主要以课堂教学为主，实践教学占有一定比例。然而，部分思政课教师在教学中存在将知识简单搬运、急于进行知识的灌输、教学态度不端正、敷衍了事的情况，没有给学生留下足够的时间和空间进行思考，缺乏师生互动或互动流于形式。这使得思政课的课堂教学缺乏活力和互动性，容易忽视学生的感受和想法，导致学生对课程逐渐失去兴趣、不愿参与。

高校思政课要让学生感到"有深度""有温度""有意义""有意思""有力量"，需要满足学生的成长期待和成才需求。也就是说，理论和实践供给必须与学生的成长成才需要深度衔接，否则就会导致思政课的无力感和无意义。具体表现为教学内容与学生真实需求脱节，让学生觉得"无用"；教学方法与学生能力发展割裂，让学生觉得"无聊"；教学场景与学生生活世界托嵌，让学生觉得"无感"。这些问题的存在不仅影响了思政课教学的实效性和亲和力，更是让思政课陷入了"无意义"的困境。因此，如何面向学生成长和成才需求，推动思政课供给侧改革，成为思政课教学改革面临的现实而迫切的问题。

综上所述，湖北高校在推进"大思政课"主渠道建设过程中，在教学内容层面存在一些问题,即教材语言向教学语言的转化不够充分。首先,部分教学环境中理论教学的主导地位并未产生变化,忽视了与实际问题的结合;其次,一些思政课教师忽略了将国家政策和法律法规纳入教学内容中,未能让学生深刻了解国家政策和法律法规的基本内容和重要性,致使公民意识和法治观念淡薄;最后,思政课教师往往忽略了学生创新精神和创业能力的培养。在鼓励学生勇于探索未知领域、激励学生自主学习新知识以及发挥学生主观能动性方面尚未全面落实。

二、课堂教学亲和力和针对性不足

在教学方式层面,湖北高校在推进"大思政课"建设过程中存在一些突出的问题。主要表现在课堂教学的亲和力和针对性不足,而这一问题又与课堂受到传统教学理念的制囿和媒介素养"供给不足"息息相关。

首先,课堂受到传统教学理念的制囿。教育者与受教育者在教学活动中本应是一种民主平等的关系。在这种民主平等的教学关系中,教育者主要扮演引导者的角色,而受教育者才是教学中的真正主体。但大多数思政课教师的课堂授课仍然采用"一张嘴""一支粉笔""满堂灌""一支独秀"的教学模式,学生的课堂主体性得不到充分体现。即使有一部分思政课教师在"互联网+"模式的影响下,已经将部分多媒体手段应用到教学中,但在教师代表知识权威的教学理念下,仍然没有改变教师"唱独角戏"的单一灌输方式,只是由人的灌输演变为了"机器的灌输"。高校学生思维活跃、表现力比较强,在话语权没有得到充分体现的课堂上,自然会设定"天然屏障"来排斥思政课教师的"心灵鸡汤"。因此,无论是在全媒体时代还是融媒体时代,只要思政课教师不摆脱这种传统教学理念的制囿,即使教学方法与信息技术高度融合,也只能成为思政课上的"花拳绣腿"。同时,高等教育中师生对待思政课的态度也受到学生在中小学阶段接受的"重理轻文"等陈旧教育理念的影响，一些学生从小就认为"学好数理化，走遍全天下"，这使得部分学生对于文史哲类知识的学习持轻视态度，尤其是对于这门被认为只需要靠背诵就能得高分的思政课，在大学后对待思政课可能会产生懈怠的态度。在实际的教学过程中，思政课教师以讲授为主，难以照顾到所有学生的实际情况和需求。而倾听应该是学生的主要活动，在教学活动中，师生之间的互动性较弱，交流不畅，势必会影响到思政课的教学效果，所以理念上的重视和创新是推进思政课在认知层面实现改革的关键。

其次，媒介素养"供给不足"。思政课教师的媒介素养"供给不足"主要表现在两个方面。一是对媒体信息的思辨反应能力不强。这主要是由于一些思政课教师在教学中持有一种"鸵鸟心态"。每当媒体上出现与思政相关的热点事件时，他们要么反应迟缓，要么观望犹豫，要么刻意回避。当学生无法及时从思政课堂上获得相关信息的回应时，网络中一些捕风捉影的谣言或谬论便有了可乘之机。在教学内容无法吸引学生的前提下，无论教学方法怎样创新都会变得华而不实。二是利用媒介资源的有效程度不高。一些思政课教师使用媒体软件能力欠缺。但由于其平时教学任务比较繁重，再加上科研等其他工作，便没有过多的精力和时间去专心学习信息软件。所以，尽管一些高校已经尝试使用与融媒体相结合的教学方法，但教学效果并不显著。教师媒介素养"供给不足"与学生"需求较大"的失衡，成为融媒体时代制约思政课教学方法创新的瓶颈。

最后，教学语言缺少亲和力。教学语言是进行思政课教学的重要工具，教学效果的好坏在一定程度上取决于教学语言的艺术化。传统的教育理念在高校思政课的课堂教学中产生了深刻影响，教师主导的讲授模式占据了主导地位。一些高校教师认为思政课就是照本宣科、干巴巴地讲道理、讲理论，甚至有些教师认为思政课是可上可不上的。还有一些思政课教师没有意识到这门课程的重要性，一直采用传统的填鸭式教学，忽视对学生的启发和激励，对学生的理解能力和接受程度不够了解，在思政课教学过程中敷衍了事等。这样的观念和行为不仅降低了大学生在思政课堂中的参与感，也给高校思政育人带来了许多挑战，更容易误导学生认为思政课不是一门重要的课程。一些高校的思政课教师还没有意识到教学过程中师生关系已经发生了转变，甚至出现了疏离，所以传统的教育理念和思维都需要进行更新和调整。"话语方式主要有灌输宣讲式、聊天交流式和内心独白式三种。就前两种而言，也有学者将其称为官方话语式与民间话语式或者理性话语式与感性话语式"。思政课的特殊性就在于其教学内容具有政治性。因此，大多数思政课教师在课堂授课时为了保持这种特殊性，更多地使用的是官方话语式。殊不知，聊天式的、感性的、接地气的民间话语方式才是拉近高校大学生与思政课之间情感距离的最佳方式。要想实现思政课的"言有尽而意无穷"和"此时无声胜有声"的教学效果，必须同时改革教学语言和教学方法。

三、课堂教学评价体系缺乏科学性

科学的考核评价体系是保障教学实施和提高教学质量的重要条件。对一门课程和教学进行考核和评价需要以预先设定的考核标准作为参照，并配备完整的监督体系来监管考核评价的实施。部分高校在改革过程中存在课程教学考核管理较为宽松、评价操作规范不完备、评价标准形式单一等情况，学生在完成作业时只是简单地从网络搜索答案，教师对学生上交的材料和作品无法准确地判断学生的学习效果。对教师进行评教的结果能够侧面反映出教师的教学能力和学生对课程的满意度，但部分学校在对学生学习结果进行评价时过于关注结果，而忽略了对教师教学的评价。他们没有意识到评教环节是考核教师、促进教学反思和提升教学质量的重要环节，并且不重视学生和督导小组对教学的反馈，导致教学效果不能从根本上得到改进，评价体系因此无法很好地发挥保障教学质量的作用。

　　传统的课程评价方式主要以卷面考试为主，更注重结果而轻视过程，以分数排名次来评价学生，评价体系较为单一。这样简单地通过成绩来判断学生的道德素质水平的评价方式并不够科学健全，容易使师生只关注分数的提高而忽略教学的本质目标，即培养学生的道德素质和学习能力。一些高校在评价体系考核改革中尝试多元化的评价方式，例如设置过程性评价、提高平时成绩的比例、调整卷面成绩与平时作业的比例、设置小组作业等，让期末成绩的组成更加多元化，尽可能多地考察学生的各方面能力。但是有些高校在实施过程中盲目增加考核项目，导致学生上交作业的形式多样，给教师的课后工作量带来了很大压力。同时，各项作业的评价标准还未形成统一的共识，课程评价的主观性可能较强，学生对评价的认可度有待提高。此外，思政课课程教学和实践教学的评价标准各不相同，协同性有待提升，评价反馈不够精准，这些情况都可能影响到评价体系的运行效果。

　　上述内容展示了湖北高校"大思政课"主渠道建设推进过程中存在的问题。这些问题的产生有着多方面的原因，针对这些问题溯源是推进湖北高校"大思政课"主渠道建设的重要工作。对湖北高校"大思政课"主渠道建设推进的现状和问题进行分析，有利于提升高校"大思政课"主渠道建设改革的针对性，有利于实现对高校"大思政课"主渠道建设难题的突破。

第五章　湖北高校推进"大思政课"实践育人建设现状与问题

　　"教育部等部委出台的《关于进一步加强高校实践育人工作的若干意见》特别提出，思想政治理论课所有课程都要加强实践环节，积极联系爱国主义教育基地和国防教育基地等单位，加强实践育人基地建设。"[①] 面对新形势，高校思政课实践教学基地的育人功能越来越突出，高校思想政治理论课实践基地建设也受到重视。通过对湖北高校推进"大思政课"实践育人建设现状与问题的问卷调查，了解到湖北省高校在推进"大思政课"实践育人建设已取得一定的效果，但在具体实践教学过程中还存在一些需要改进的方面。同时，高校在推进"大思政课"实践育人建设的过程中也存在亟待解决的问题，包括线上学习与线下教学融合不够、理论教学与实践教学结合不足、翻转课堂实际教学效果不佳。因此，梳理和分析高校在"大思政课"实践育人中所面临的现状与问题对于提高思想政治课实践教学的实效性具有十分重大的意义。

---

① 金爱国. 高职院校思政课实践教学基地建设初探——以江苏农牧科技职业学院为例［J］. 中国职业技术教育，2017（10）：3.

第一节　湖北高校推进"大思政课"实践育人建设现状

思政课实践教学是新时代高校立德树人不可或缺的教学环节。为深入贯彻落实党的二十大精神，落实《中共中央、国务院关于进一步加强和改进大学生思想政治教育的意见》和《中共中央宣传部、教育部关于进一步加强高等学校思想政治理论课教师队伍建设的意见》，充分发挥思想政治理论课在大学生思想政治教育中的主渠道作用，近年来，湖北省各高校不断改进和完善思政课教学方法，大力加强思政课社会实践教学，开展形式多样的思政课实践教学活动，建立实践教学基地，并已初步形成科学化、规范化和制度化的实践教学运行机制。通过一系列实践教学活动，使湖北高校学生进一步接触社会，了解国情和民情，激发了学生的历史使命感和社会责任感，同时也激发了学生学习思想政治理论课的学习兴趣，培养了学生独立思考和社会调研能力。

一、湖北高校推进"大思政课"实践育人建设概况

为全面了解湖北高校推进"大思政课"实践育人建设现状与问题，本项目研究组对高校青年学生、辅导员和思想政治理论课专任教师展开了问卷调查，有效问卷共202份。调查结果显示，目前湖北高校在推进"大思政课"实践育人建设方面取得了一定效果，但仍存在一些需要改进的方面。思政课实践教学要求学生完成的实践形式主要为社会调查研究。在思政小课堂与社会大课堂有机结合的实践中，目前存在理论教学与实践教学结合不足的问题。湖北高校推进"大思政课"实践育人建设的过程中，应更多地调动学生参与社会实践的积极性和主动性。在多样的思政课实践教学形式中，

受调查者更喜欢思政教师带队在校外开展实践教学。

（一）"大思政课"实践育人建设方面效果较好，但还存在改进的方面

对"大思政课"实践育人建设效果的评价是推动湖北省高校"大思政课"主渠道建设的关键。根据调查结果显示（表5-1），有27.23%的受调查者认为湖北高校推进"大思政课"实践育人建设方面效果很好，能够有效实现思政教育的目标；有55.46%的受调查者认为效果较好，但仍存在一些需要改进的方面；16.34%和1.98%的受调查者分别认为效果一般和不够理想，需要进一步提升和改进。深入分析调查结果发现，超过一半的受调查者认为湖北高校推进"大思政课"实践育人建设效果较好，但仍存在一些需要改进的方面，这说明实践教学在现实的运作中普遍存在着一些问题。在问卷设置中，其中有一道题目对这一总体评价给出了解决措施，根据调查结果显示（表5-2），比例从高到低分别是调动学生参与社会实践的积极性和主动性、加强实践教学与课堂教学内容的融合设计、增进学校与社会资源合作，提供更多实践资源支持、提高教师实践育人的理解水平和教学能力以及更好地建设和利用红色实践基地。

表5-1　对湖北高校推进"大思政课"实践育人建设方面效果的总体评价

选项	小计	比例
A. 很好，能够有效实现思政教育的目标	55	27.23%
B. 较好，但还存在一些需要改进的方面	110	54.46%
C. 一般，需要进一步提升实践教学效果	33	16.34%
D. 不够理想，需要大幅度改进和提升	4	1.98%
E. 其他，请注明：	0	0%
本题有效填写人次	202	

表 5-2 学校应该采取的措施以取得更好的效果

选项	小计	比例
A. 调动学生参与社会实践的积极性和主动性	160	79.21%
B. 提高教师实践育人的理解水平和教学能力	122	60.4%
C. 加强实践教学与课堂教学内容的融合设计	142	70.3%
D. 增进学校与社会资源合作，提供更多实践资源支持	131	64.85%
E. 更好建设和利用红色实践基地	86	42.57%
F. 其他，请注明：	1	0.5%
本题有效填写人次	202	

（二）受调查者参与完成思政课实践教学形式的积极性较高

高校要紧扣思政课实践教学目标和要求，利用经典著作选读、社会调研、志愿服务活动、红色主题活动、聆听各类讲座等实践活动开展实践教学。调查结果显示（表 5-3），学生参与完成的实践教学形式都有所分布，且经典著作阅读、社会调查研究、志愿服务活动和红色主题参访所占比例都达到 60% 以上，这说明学生参与完成实践教学形式的积极性较高。通过深入分析调查结果可以发现，学生在社会调查研究这一实践教学形式的完成度最高，而聆听各类讲座的完成度最低。因此，尽管目前湖北省高校"大思政课"实践育人教学形式多样，但在提高学生聆听各类讲座的完成度方面还需教师进一步的督促。

表 5-3　思政课实践教学要求学生完成的实践形式

选项	小计	比例
A. 经典著作阅读	137	67.82%
B. 社会调查研究	161	79.7%
C. 志愿服务活动	127	62.87%
D. 红色主题参访	134	66.34%
E. 聆听各类讲座	91	45.05%
F. 其他，请注明：	3	1.49%
本题有效填写人次	202	

（三）思政课实践教学内容丰富，形式多样

目前湖北省高校思政课实践教学要求学生完成的实践形式多样，并且形成了完善的思政课实践教学体系。例如，思政教师引导的课堂实践，如主题演讲、案例讨论等；思政教师带队在校外开展实践教学；学生按要求自行组队开展社会调查；参与以网络为平台的实践教学活动，如远程学习、在线课堂等。调查结果显示（表 5-4），思政教师带队在校外开展实践教学最受调查者欢迎，其次是思政教师引导的课堂实践，如主题演讲、案例讨论等；而参与以网络为平台的实践教学活动，如远程学习、在线课堂等受欢迎程度较低。因此，根据受调查者的喜爱程度可以发现，湖北省在推进"大思政课"实践育人建设的过程中，应大力倡导思政教师带队在校外开展实践教学和思政教师引导的课堂实践，如主题演讲、案例讨论等。

表 5-4　思政课实践教学形式的受喜爱程度

选项	小计	比例
A. 思政教师引导的课堂实践，如主题演讲、案例讨论等	154	▅▅▅ 76.24%
B. 思政教师带队在校外开展实践教学	160	▅▅▅ 79.21%
C. 学生按要求自行组队开展社会调查	118	▅▅ 58.42%
D. 参与以网络为平台的实践教学活动，如远程学习、在线课堂等	96	▅▅ 47.52%
E. 其他	0	0%
本题有效填写人次	202	

通过分析和总结湖北省高校推进"大思政课"实践育人建设的概况，我们得知实践教学是加强和改进思政课的重要方面，也是推进思政课入心入脑，活起来动起来的重要途径。不断推进实践育人建设主要以思政课成果点亮学生的信仰；引导学生树立理想信念，求真学问、真本领，做实干家、奋斗者；同时也需思政课教师增强使命和担当，强化思政课教学改革和创新，不断改进教学方法，积极探索实践教学规律，探索社会实践活动新载体、新领域，全面提高教学水平。

二、湖北高校推进"大思政课"实践育人建设特色案例

高校思想政治理论课作为大学生思想政治教育的主渠道，以立德树人为中心任务，在大学生成长成才的过程中发挥着重要的引领作用。本部分主要列举了武汉大学、华中师范大学的实践教学案例，以提升高校思政课的亲和力和针对性为目标，以突显大学生教学主体地位为要求，探究高校思想政治理论课实践教学模式，鼓励大学生自主学习，与思想政治理论课教师形成互动式教学，构建良好的课堂教学氛围，有效提升大学生的综合能力。

（一）从慕课、微课到融课：武汉大学的"大思政"实践

新冠肺炎蔓延以后，武汉大学的青年学生们以各种形式进行志愿服务，与逆行者同行，为奉献者奉献。由此，对于"思政课如何关注热点，贴近时代"这一问题，武汉大学用实践给出了回答：充分利用多学科和人才优势，善用"互联网＋"技术，校领导和学界知名人士纷纷开讲，师生们一起创作和演出慕课，形成了独特的"大思政"育人模式。疫情期间，"马上见"团队围绕家与国、志愿服务、心理防护等主题推出了一系列节目。"马上见"思政融课是一档师生圆桌类谈话节目，被誉为"武大版锵锵三人行"。它以"汇聚武大优质资源、打造思政爆款产品、促进学科交流对话、营造良好教学生态"为基本理念，注重跨学科对话，强调生产"互联网作品"——要有干货、要讲人话、要重设计，打通院内外、校内外、课内外的各类资源，让思政学科走出去，真实有效地面向青年学生和社会公众。例如，《家：港湾、消逝、呵护》邀请南极科考人员王泽民和青年教师一起，讲述儿时春节记忆和南极春节趣闻，从自我之小家延伸到国家、自然之大家，阐明"家国是华夏儿女的精神原乡"。如果说，"马上见"是一门线上思政融课，侧重产出"互联网思政产品"。那么，同样立足于武汉大学的多学科优势和人才优势，形势与政策课则是一门大气磅礴的线下思政大融课。2018年，为更好发挥形势与政策课在立德树人方面的重要作用，武汉大学全面启动形势与政策课程教学改革，推出示范课堂——"珞珈开讲"，打造既有"温度"又有"热度"的形势与政策课。武汉大学的形势与政策课在课堂内通过传授知识，解决"是什么、为什么"的问题；通过剖析事实，解决"如何看"的问题；通过潜移默化的价值观熏陶，解决"是非对错"的问题，从而实现学生知识、技能、价值观的统一，让思想政治理论内化于心，外化于行。此外，武汉大学马克思主义学院在录制思政理论慕课方面有自己的理解，勇于探索。其中，师生自编自导自演同台打造慕课便是近年来进行思政课创新的尝试之一。如何把"00后"网络原住民从互联网中吸引过来，是当

下思政课堂面临的普遍挑战。武汉大学思政慕课的做法是邀请年轻人参与慕课录制全过程,一起当慕课主角,一起写脚本、改脚本、磨脚本、拍脚本。陈世锋在录制"从人工智能看意识的本质"时,每年的录课方式都不同。第一年,他独自在镜头前讲授;第二年,他邀请了计算机学院和生命科学学院的4名研究生,师生5人一起畅谈;第三年,他与计算机专业出身的陈训威老师搭档,共同探讨了当前热门的人工智能话题。

最强势的资源、最丰富的教材、最生动的教法、最走心的成长。从线上到线下,从慕课、微课到融课,武汉大学立德树人的"大思政"实践越走越笃实。

(二)武汉大学打造"思政熔炉"

近年来,武汉大学在思政课教学上坚持以"内容为王",持续创新教学方式、丰富教学内容,并整合汇聚各种资源,用真情、真话、真心感染激发学生的学习兴趣。这样的思政课让学生更"解渴",有效地激发了他们的学习热情。一方面,以课堂"内容为王"激发学习热情。过去,实践教学课主题都是"中国的自信从何而来""中国式民主"这种"高大上"的论题,刚入学的学生想加入课堂讨论,往往有心而无力。现在,因为课程中加入了"从中外动画电影看文化软实力""普通公民与国家形象""我的梦与中国梦""对互联网＋的认识"等时兴话题,课堂讨论变得活跃,并且还能形成"争锋"。"实践教学课不完全是'放养'。"任课老师会参与每场讨论、每次调查,引导学生用科学方法开展调查,培养学生多角度思考问题的能力。在思政教师孙来斌看来,这种新型课堂形式以立体多维互动为特点,力求从根本上改变"满堂灌""填鸭式"的教学方式,着力解决学生"吃不饱"与"吃不了"的矛盾,扭转了学生参与程度相对偏低的现象。另一方面,新颖形式刮起"选课旋风"。2016年9月26日,由武汉大学马克思主义学院打造的4门思政课慕课——马克思主义基本原理概论、中国近现代史纲要等,在国家级慕课平台"爱课程"网中国大学慕课正式发布，这是该平台首次上线思政课课程。武大马克思主义学院院长佘双好介绍，思政慕课在上线课程中属于"网红"级别，第一季有88881人选修，第二季有65423人选修，两季总选课人数达154304人。选课者以在校本科生居多，同时吸引了在职教师和社会学习者。课堂教学、实践教学和网络教学三位一体的立体教学模式，被业内称为"武大思政课旋风"。课前，教师将课程任务和测验发布在平台上，学生完成后，教师可以根据反馈的数据了解学生的掌握情况。课上，教师就能有的放矢，组织相应的讨论、讲解以及深层次研讨。不少同学认为，这种线上线下相结合的教学方式使学习更有效率、更加深入，也能解决学生个体之间的差异性问题。再一方面，汇聚资源破解"孤岛现象"。武汉大学将学校各方力量、各种资源、各门课程纳入思政教学中，构建了协同一致、合力育人的体系，以破解思政教育的"孤岛现象"。每年9月，校长都会带新生游校园、讲校史、谈校友，培养新生对学校的归属感。每学期，校领导都会上讲台给大学生进行党课和形势政策课的授课。此外，武汉大学还会举办"请大师讲小课"的活动，让学生亲身体验学术"大牛"们身上的爱国情怀。破解"孤岛现象"还需广大学生在生活中践行所学。2014年初，武汉大学官方微博开辟了"点赞身边好人"栏目，记录身边的好人好事，给身边好人点赞成为一种校园时尚，目前已有近5000万人次参与。韩进表示，好的教育方式，不仅应该激励学生取得成功，还应该促进学生成才，尤其是引导学生成人。武汉大学就是要通过构建一个完整的体系，形成合力，打造"思政熔炉"，将思政教育真正融入育人的全过程中。

（三）基于云平台的高校思想政治理论课教学模式实践及反思——以华中师范大学为例

在基于云平台的思政课教学模式设计和实施中，华中师范大学综合考虑人才培养目标、思政课教育教学目标、国家教育政策导向、华中师范大学办学理念和条件以及大学生的学习需求等多个因素，从自身条件出发积极探索信息技术与思政课教学的深度融合。以建构主义学习理论为依据，构建了基于云平台的思政课教学模式并付诸实施。自 2014 年春季开始，华中师范大学逐步推进基于云平台的思政课教学新模式。将大学生思政课的 4 门必修课程的讲稿、课件、视频、参考资料、课堂讨论、作业、测验、实践教学活动等教学资源和教学活动搬到了云平台上，实行线上教学与线下教学相结合的混合式教学模式，两者学时各占总学时的 1/2。从教学理念、教学内容、教学方法到教学评价，实现了与信息化的深度融合。其中，教学理念是实现从以"教"为中心转变为以"学"为中心、从以课堂教学为主转向课堂教学与课外社会实践相结合；教学内容突出问题意识，实行专题教学；教学方法注重协作式学习、研究型学习、讨论参与式学习；教学评价从注重终结性评价转向注重过程性评价。

此外，华中师范大学还提倡丰富研究生思政课程学习形式，改进思政工作载体，以研究生实践基地为平台，培育研究生的思政工作新载体。在理工科专业中设立了以研究生实验室为单位的"思政学习小组"，组织开展党史学习教育；在文科专业中设立实习基地兼职辅导员、研究生思政工作助理等岗位，加大对思政工作骨干力量的培训和考核力度。利用示范基地、省级研究生工作站等实践平台，开展"思政讲座""特色党日"等活动，不断提升研究生思政工作的质量。

第二节　湖北高校推进"大思政课"实践育人建设存在的问题

实践教学是高校思政课教学改革的重要内容和重要载体，也是提高思政课实效性的有效方式，同时也是学生认识世界、了解社会的一个窗口。2004 年中共中央 16 号文件《关于进一步加强和改进大学生思想政治教育的意见》明确指出，社会实践是大学生思想政治教育的重要环节。[①] 目前，湖北各高校都在积极探索实践教学的创新方法，然而取得的成效并不尽如人意。例如，线上学习与线下教学融合不够，理论学习与实践教学结合不足，翻转课堂实际教学效果不佳。而只有解决这些问题才能提高实践教学的质量，进而提高思政课的实效性。

一、线上学习与线下教学融合不够

线上与线下教学融合是指既依赖线下课堂教学模式，又借助线上网络教学模式，将两种教学模式有机地结合起来，实现双线教学。这种融合模式能够使得学生既通过线下教学进行情感交流，又能够借助线上教学共享教育资源，学生可以自主选择教育资源和教学平台，在发挥学生主观能动性的基础上进行自我教育。其重点在于培养学生线上线下主动学习的能力。这种教学融合模式有效地整合了教学载体，为学生学习创建一种全新的承载形式，旨在将双线教学的合力作用发挥到最佳，为教育教学提供更加系统、全面的科学指导。调查发现湖北高校思政课线上与线下教学融合实践虽然取得了一定的成效，但同时也存在一些现有问题和不足之处，需要进行分析，以便找出问题的成因并解决教学中的实际问题。

（一）在线学习形式化倾向

一方面，学生对线上资源的利用率不高。思政课网络教学资源非常充足，既有本校开设的相关课程，又有国家级金课，配套参考资源也非常丰富。但是，如果这些资源未设置任务点，学生主动学习的积极性会受到影响。另一方面，线上学习活动的考核还需加强。例如签到、作业、主题讨论答

---

① 中共中央、国务院关于进一步加强和改进大学生思想政治教育的意见［N］. 人民日报，2004-10-15.

案等，这些评估方法没有很好地发挥以问题激发学生思考的作用。此外，自学动力还需鼓励。一方面，目前线上学习考核标准在设计上存在重形式、轻实质的倾向，依赖观看视频时长、签到次数、回答问题次数等数字指标，难以反映学习的真实性、深入性与有效性。另一方面，更重要的是学习内容优化不足，未做到学生有所呼、课程有所应；仅靠技术的吸引难以维持学生长时间的注意力，吸引学生完成学习任务的是考核的压力，而不是对学习内容感兴趣的内生动力。

（二）线上线下融合教学模式建设工作有待深入、管理有待提高

融合教学模式能够有效运行，发挥最大优势，需要全体教师通力合作、长期深耕。目前，虽然融合教学模式已经在部分教师的部分课程中进行了实践，但课程设计仍待完善。不同课程之间，在教学联动方面需要更深入地融合发展，课内外实践教学通过线上进行补充需要持续创新，这些都是未来必须解决的问题。融合教学模式建设动力不足有两方面的原因。一方面，部分教师对新技术比较陌生，短时间内无法熟练运用，无法充分发挥网络教学的优势；观念上裹足不前，不愿跳出课堂教学的舒适区，不愿接受新技术、新理念、新方法，对融合教学模式的兴趣不高。另一方面，融合式教学模式课程建设缺乏全面的管理与支撑。从学校和学院管理角度看，缺乏长期而系统的融合教学发展规划，融合教学模式尚未得到持续地推进和深化；而人才队伍建设、财物支持等比较欠缺，教师各自为战，难以为课程建设和改革创新提供强劲动力。

总之，线上线下相统一的混合教学改革是现代信息技术与教育深度融合的核心。高校思政课线上线下混合教学模式的研究与实践是新时代提升思政课教学时代感和实效性的应有之义。突出育人效果的调查研究与构建完善的制度机制，为推动思政课线上线下混合教学模式向更广阔空间、更深层次发展提供客观依据和现实保障，是未来高校思政课线上线下混合教学模式研究与实践不容忽视的重要议题。

二、理论学习与实践教学结合不足

理论是实践的前提条件，实践是检验理论的重要途径。因而，理论学习和实践教学都是高校思政课中不可或缺的组成部分，为避免传统思政课上出现理论知识"满堂灌"、主客体颠倒、脱离现实等问题，我们应及时将视角转向创新实践教学的研究。近年来，湖北省各大高校进行了实践教学探索，开展了实践教学活动，但由于国内实践教学改革时间较短，并受到各种因素的影响，实践教学在实施过程中出现了一些问题。为全面了解湖北高校推进"大思政课"实践育人建设现状与问题，我们针对高校青年学生、辅导员和思想政治理论课专任教师进行了问卷调查，有效问卷共202 份，其中"在思政小课堂与社会大课堂有机结合的实践中，目前存在哪些主要问题与挑战"这一问题调查中（表5-5），问题的设置有"学生实践活动参与度不高""理论教学与实践结合不够""学校与社会资源合作机制不完善""红色实践基地建设不够完善""其他，请注明"五个选项，其中所占比例分别为73.27%、77.23%、67.33%、42.08%、0.99%。其中，"理论教学与实践结合不够"所占比例最高。社会大课堂与思政小课堂的融合意味着要完善和提升思政课程的实践环节，引导思政教育教学走向社会生活，推动理论与实践课堂教育渠道优势互补，形成"大思政"课程教学育人的体系合力，实现对其他各类课程的价值领航，引领课程思政内涵式发展。"两个课堂"在现实教学中有机融合，是思政课程提质增效、改革创新的必要准备；但现实中理论和实践缺乏互动的问题仍然存在。

表 5-5　在思政小课堂与社会大课堂有机结合的实践中存在的主要问题或挑战

选项	小计	比例
A. 学生实践活动参与度不高	148	73.27%
B. 理论教学与实践教学结合不够	156	77.23%
C. 学校与社会资源合作机制不完善	136	67.33%
D. 红色实践基地建设不够完备	85	42.08%
E. 其他，请注明：	2	0.99%
本题有效填写人次	202	

思政课堂教育是高校履行德育职能的主要途径和主要阵地。思政小课堂和社会大课堂是课堂教育的两种形式，它们通过不同的教学方式和课程模式共同服务于思想政治教育的育人目标。这两种形式既有相互区别又存在内在联系的逻辑关系，意味着理论课程和实践课程并不是各自为战，而应该保持相辅相成、协同共进的互动关系，并统一于思政课程教学育人的目标任务。但是，在实际的课程教学中，存在着理论课程与实践教育的具体内容脱节、教学目的相分离、教学形式内在不统一等问题[①]，且主要表现在实践的"去理论"和理论的"泛实践"上。

一是社会大课堂的"去理论性"。在高校探究思政实践教学过程中，受到场所资源、师生偏好等方面的限制，根据师生的价值偏好、场所的组织便利、活动的安全稳定性等因素去选择活动场地并设计授课内容，结果出现了社会大课堂在实践环节的单向延伸，忽视了实践应与理论教学内容相呼应和补充的课程目标。二是思政小课堂实践教学的"泛实践性"。长期以来，思想政治理论课的教学环节相对薄弱。对社会大课堂的把握通常仅仅局限于简单地将其等同于社会实践等活动；而在定位上，实践课作为充实思想政治理论课教育的形式，或是为应付完成教学大纲相关要求，导致思政小课堂对社会大课堂的启发与引导等功能不足，两者的融合也往往

---

① 韩喜平，王晓阳. 论思政小课堂与社会大课堂的结合［J］. 思想理论教育，2019（10）.

只停留在形式主义和主观主义的影响下。为弥补思政小课堂的不足，理论教学应延伸到实践教学中，而实践课堂也需要从理论课堂中寻找基础性支撑，作为教学设计的基础。理论和实践之间缺乏协同关联性的问题必然导致在双向互动过程中实践环节的理论空洞化和理论环节的实践形式化。

三、翻转课堂实际教学效果不佳

"翻转课堂"（Flipped Classroom），融入了"互联网 + 教育"理念，日趋成为全球教育界关注的热点，互联网技术推动了课堂教学组织模式的不断创新。[①]"翻转课堂"就是"互联网 + 教育"的一次重大变革，它不仅是教育技术的革新，也不同于以往简单的网络教学，而是从教育观念、教育体制、教学方式、人才培养过程等多方面的深刻变革。[②]亚伦·萨姆斯曾说过，"翻转课堂"不仅仅是形式上的改变，更重要的是强调学生自主学习的同时，用省下来的课堂时间培养学生分析、评价、创新等高级学习能力。[③]

随着互联网和信息技术的普及，许多高校利用新媒体技术将思政课与"翻转课堂"结合起来，进行了诸多实践创新。但是在具体的教学推广过程中却存在翻转课堂实际教学效果不佳，这其中面临着一些亟待解决的问题，这些问题的解决才是发挥翻转课堂教学价值的关键。

---

① 朱磊. 高校思想政治理论课翻转课堂教学改革的"变"与"不变"［J］. 思想政治教育研究，2016（5）：69-73.

② 李喜英. 翻转课堂与高校思政课教学创新——以《基础》课为例的一个尝试［J］. 河北师范大学学报（教育科学版），2016（2）：99-104.

③ 高静. MOOC 对高校思政课教学改革的启示与反思［J］. 高教学刊，2016（15）：140-141.

（一）学生方面的问题

对于这种翻转课堂的实际运用，首先必须解决学生方面的各种问题，对于学生方面表现出来的问题，其实主要体现在翻转课堂的具体应用过程中，因为翻转课堂对学生的依赖性较高，尤其是针对在家学习情况下，学生需通过自主学习获得相关知识内容，这对学生的要求无形中提高了很多，很可能会促使相应的学习过程变得更加困难，学生很难自主地接受想要获得的知识，尤其是对于一些自觉性不高的学生，这种影响尤为突出。

（二）教师方面的问题

对于这种翻转课堂的应用，不仅对学生提出了更高的要求，对教师同样提出了更高的要求和挑战，这种要求主要表现在对翻转课堂的合理设置上，难度比较大。很多教师因为不具备相应的教学经验，进而导致其在翻转课堂的教学过程中很容易出现一些设置不当的现象，尤其是对于具体的教学时间和教学空间的把握，教学时间把握不当很可能导致学生难以充分利用合理的时间进行学习，而对于空间的把握不当主要表现为学生在学习中的难易程度掌握不当，导致学生无法自主地学习和探索。

（三）评价制度方面的问题

这种翻转课堂的应用被视为一种教学手段和教学方式的改革，基于这种教学手段的改革，其必须要配备相应的评价机制，但是在湖北高校现阶段的评价制度中，评价方式仍然过于单一，过于强调结果，从一定程度上限制了翻转课堂的发展和应用。

（四）支持力度不足

这种翻转课堂之所以在湖北高校教学中发展比较缓慢，还与具体的支持力度不足存在密切的关联，这种支持力度方面的缺陷一方面表现在相关政策性的支持不多，未能为翻转课堂的普及提供充分的支持力度；另一方面，经济性支持和技术性支持方面的限制也阻碍了该模式的有效推广。

　　总之，新媒体环境为高校思想政治理论课教学带来了诸多挑战，同时也带来了一定的机遇。高校思想政治理论课教学应顺应时代的发展特点，坚定自身立场，明确使命和责任。通过创新教育教学方法，丰富教学体系内容，培养学生的创新能力，推动高校思想政治理论课教学进行"革命性"改革，不断提高教学效果。实践教学是高校思政课教学改革的重要内容和重要载体，也是提高思政课实效性的有效方式，更是学生认识世界、了解社会的一个窗口。面对"95后"大学生群体，要切实做好高校思想政治工作，贯彻落实好习近平在全国高校思想政治工作会议上的重要讲话精神，充分利用好思想政治理论课实践教学这个重要渠道，注意把握实践教学原则，构建实践教学内容体系，探索实践教学的有效路径，厘清推进"大思政课"实践育人面临的现状和问题，进一步提高思想政治理论课实践教学的实效性，促进大学生德育工作的顺利开展。

第六章　湖北高校推进"大思政课"教育信息化建设现状与问题

  党的二十大报告指出，"教育、科技、人才是全面建设社会主义现代化国家的基础性、战略性支撑"①。同时，在党的二十大报告中，还对加快我国建设教育强国做出了一系列重要部署。强调"推进教育数字化，建设全民终身学习的学习型社会，学习型大国"②。随着现代科技的飞速发展，以计算机和网络技术为核心的现代信息技术已经渗透到经济、政治、文化、教育等各个领域，对各类学校的教育模式进行了深刻的变革。信息技术的渗透也不可避免地对高校思想政治理论课（以下简称思政课）建设产生了重要影响。实践已经表明，随着信息技术的发展，思政课无论在教学观念、教学模式、管理体制还是保障机制上都随之发生了改变。

---

  ① 习近平.高举中国特色社会主义伟大旗帜 为全面建设社会主义现代化国家而团结奋斗——在中国共产党第二十次全国代表大会上的报告［M］.北京：人民出版社，2022：33.

  ② 习近平.高举中国特色社会主义伟大旗帜 为全面建设社会主义现代化国家而团结奋斗——在中国共产党第二十次全国代表大会上的报告［M］.北京：人民出版社，2022：34.

第一节 湖北高校推进"大思政课"教育信息化建设现状

一、湖北高校推进"大思政课"教育信息化建设概况

现代信息技术在教育与教学中的广泛运用，为信息技术与思想政治课程的整合提供了可能。利用信息技术赋能思政课教学是深化信息技术与思政课教学融合创新的必要条件，也是推进"大思政课"建设、实施教育数字化战略行动的必然要求。湖北省高校在信息化建设方面顺应时代发展，在响应国家号召下进行了一项针对湖北省高校教师的问卷调查。通过对回收的 202 份调查结果分析，发现高校校内普遍设置了思政课教研系统、思政课教学资源库，并且积极利用网络平台进行宣传教育等方式开展"大思政课"教育信息化建设。但由于资源欠缺、经验不足等原因，高校在探索"大思政课"与信息技术深度融合方面仍面临许多问题和亟待改进的空间。

1. "大思政课"教育信息化建设采取措施

面对"大思政课"与信息化融合发展的趋势，湖北省高校积极采取相应措施推动思想政治教育的信息化建设。在收集的 202 份问卷结果中，高校中设置思政课教研系统的有 137 份，占比 67.82%。搭建智慧教育平台的有 152 份，占比 75.25%。构建思政课教学资源库的有 143 份，占比 70.79%。推广网络教育宣传云平台的有 104 份，占比 51.49%。另外，还有两份表示除以上信息化措施外，还采取了其他措施。

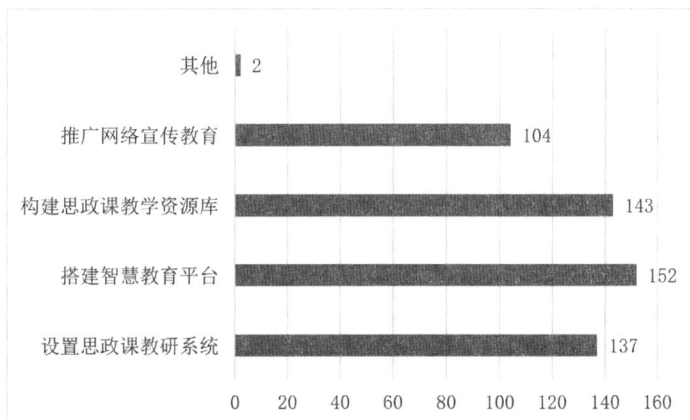

图6-1 高校在推进"大思政课"信息化建设采取的措施

由此可见，高校最常采用的信息化手段是搭建智慧教育平台。其次，设置思政课教研系统和构建思政课教学资源库也是高校推进"大思政课"建设的常用手段。同时，许多高校也选择推广网络教育宣传云平台来开展思想政治教育活动。

2. "大思政课"教育信息化建设开展成效

当代青少年作为互联网的原住民，思想活跃、思维敏捷，观念新颖、兴趣广泛，探索未知劲头足，接受新生事物快。数字化技术为"大思政课"打开了更广阔的发展空间，为把道理讲深、讲透、讲活提供了有效助力。根据问卷结果显示，超过半数的人认为湖北省高校开展的教育信息化建设较好，但还存在一些需要改进的方面，共有116份，占比57.43%。此外，有51份认为教育信息化建设非常好，能够有效传达思政教育内容，占比25.25%。还有30份认为教育信息化一般，需要进一步提升信息化教学效果，占比14.85%。另外，还有4份认为教育信息化不够理想，需要进行大幅度改进和提升，占比1.98%。

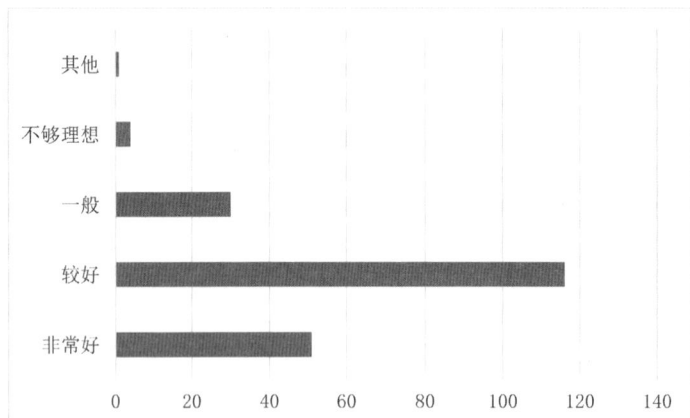

图 6-2　教师对教育信息化提升学生学习效果的看法

由此可见,湖北省高校的教育信息化建设取得了一定成效,但是信息化教育效果仍不够理想,还需要进一步提升信息化建设水平。

3."大思政课"教育信息化建设面临困境

"大思政课"教育信息化建设的问题主要集中在智慧教育平台建设不足(150 份,占比 74.26%)。思政课教研系统运行不畅(92 份,占比 45.54%)。思政课教学资源匮乏(123 份,占比 60.89%)。网络宣传教育云平台缺失(65 份,占比 32.18%)。另外,还有 3 份认为还存在其他问题。

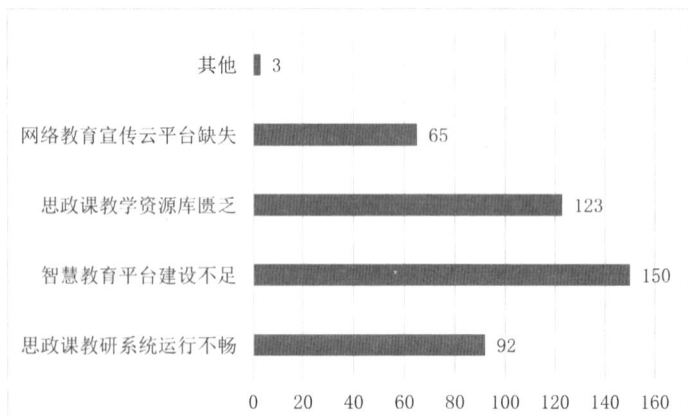

图 6-3　高校推进"大思政课"信息化建设面临的主要问题

目前，高校在探索"大思政课"和信息技术融合发展方面取得了明显的进步，但也存在一些不容忽视的问题。其中主要问题包括智慧教育平台建设不足、思政课教学资源库匮乏、思政课教研系统运行不畅和网络教育宣传云平台缺失。

4. "大思政课"教育信息化建设改进方案

在推进"大思政课"教育信息化建设中，针对如何利用现代技术促进思政教育的创新与发展，受访人员给出了不同的回答。调查结果显示，有131份认为应开设在线思政课程和虚拟学习平台，占比64.85%。有138份认为应利用移动App提供思政学习资源和互动工具，占比68.32%。有125份认为应利用人工智能技术实现个性化的思政教育指导，占比61.88%。有126份认为应利用大数据分析学生的学习情况，并提供针对性的教学措施，占比62.38%。有83份认为在线社群和讨论平台的建立可以促进师生之间的交流与合作，占比41.09%。此外，还有1份给出了其他方面的建议，占比0.5%。

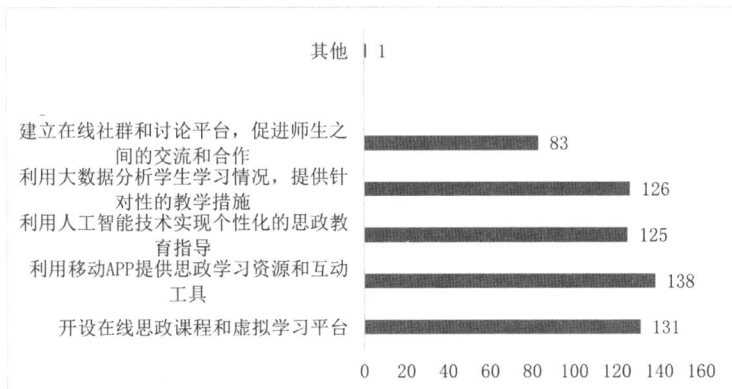

图6-4　教师对学校利用现代技术促进思政教育发展采取措施的建议

由此可见，目前湖北高校所采取的一系列信息化教育手段还不够充分，仍然需要在多平台利用广度和大数据利用深度方面下功夫。在信息化平台广度方面，可以开设在线思政课程和虚拟学习平台、利用移动App提供思政学习资源和互动工具，建立在线社群和讨论平台，通过多平台、多渠道扩大在线思想政治教育的影响力。而在信息化利用深度方面，则可以利用人工智能技术和大数据分析学生的学习情况，实现个性化思想政治教育指导。

在问及针对湖北高校信息化推进存在的问题，应该加强哪些方面支持时，问卷结果显示：有 143 份认为应该支持教师信息化素养的培养和专业发展，占比 70.79%。有 159 份认为应该推进教学方法和手段的创新和改进，占比 78.71%。有 138 份认为应该引导和培养学生参与信息化教学活动，占比 58.42%。有 118 份认为应该提供更多在线教育资源和设施支持，占比 58.42%。

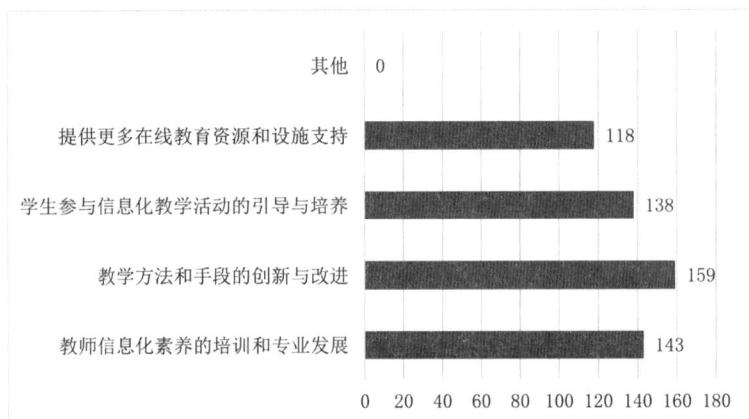

图 6-5　湖北高校在大思政建设中应该加强哪些方面支持

面对湖北高校思政课信息化教学在学生学习、日常教学和教师成长方面面临的困境，为充分有效、科学合理地利用信息技术改进思政课教学，高校应该在教师、课程和学生三个方面进行积极探索和实践。要改变传统的"以教师为中心"的思政课教师讲授式教学模式，而代之以"教师主导、学生主体相结合"的"以学习为中心"的新型学习模式，为学生提供具有交互和浸入式功能的智慧学习环境。教师要积极参与信息化培训，提升自身的信息素养和专业化水平，创新与改进教学方法和手段，并利用图片、视频、AR、VR 等信息媒介展示教学内容。学校和相关部门也要给予支持，提供更多在线教育资源和设施。

5."大思政课"教育信息化建设用户体验

信息技术的快速发展使得信息化平台多种多样。不同的平台具有不同的功能和内容特点，调查问卷就用户对各大信息化平台的喜爱程度进行了分析。其中喜欢借助慕课、智慧树等线上教育平台的有 128 份，占比63.37%。喜欢使用雨课堂、超星学习通等智慧教学工具的有 141 份，占比69.8%。喜欢建立思政课专属网络社群与学生实时互动的有 124 份，占比61.39%。喜欢创建思政课教师公众号、抖音号等，增加宣传与反馈的有 97份，占比 48.02%。另外还有少数人选择其他教学方式，占比 0.5%。

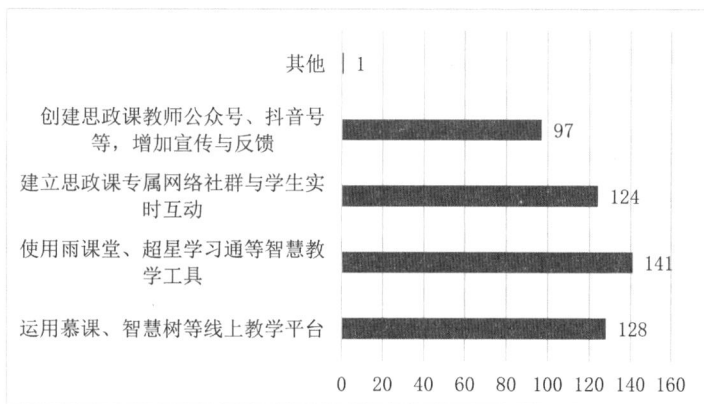

图 6-6　教师喜欢借助的信息化技术思政课教学方式

因此，市场上存在着各种各样的信息教育平台，而高校在改进和提升思想政治教育信息化水平时关键是要关注用户的体验和感受。在高校中应当广泛普及和使用慕课、智慧树等线上教育平台，以扩大优质教育内容的传播范围。同时，鼓励教师使用雨课堂、超星学习通等智慧教学工具，利用现代技术提高课堂管理能力。建立思政课专属网络社群，与学生进行实时互动，以便掌握学生的实时状态。另外，还可以创建思政课教师公众号、抖音账号等，增加教育内容曝光度的同时能够接收学生的真实反馈，从而方便改进工作。

二、湖北高校推进"大思政课"教育信息化建设特色案例

（一）武汉大学思政课信息化建设

1. 借助融媒体，打造"大思政课"品牌矩阵

武汉大学党委书记韩进在文章中指出，我们要打好"组合拳"，发挥大协同作用，推动"大思政课"的发展。近几年来，武汉大学在习近平总书记有关思政课工作的指导下，在"大思政课"上下了一番功夫，采取了一系列富有武汉大学特点的改革和创新措施，用思政课"融起来"的方式，推动年轻人"动起来"，实现了一种全新的思想政治教育"融"。武汉大学的线上思政课颇有名气。2016 年，武汉大学率先推出了 4 门本科思想政治理论课慕课，全部获评国家精品在线开放课程，2018 年入选首届中国大学慕课"最美慕课"（全国唯一思政课入选者），选课人数逾 65 万；2019 年 5 月，与光明日报合作打造光明理论微课，在全国高校中属于首创和独家；2019 年 6 月，推出精心打造的思政融课项目"马上见"，以"互联网 + 跨学科 + 思政课"为独特定位，打造内涵式的互联网思政作品。武汉大学借助融媒体手段，成功打造了"大思政课"品牌矩阵——建设 4 门本科生思政慕课，全部获评国家精品在线开放课程，累计选修人次突破 160 万；制作推出 10 余期对话式融课"马上见"，在"学习强国"等网络平台上的总浏览量已超过 520 万人次；牵头组织 70 多所高校连续 8 年对全国大学生思想状况进行年度数据大调查，积累了 30 余万份样本数据，并完成了一系列"中国大学生思想政治教育发展报告"；连续 5 年承办教育部"我心中的思政课"全国高校大学生微电影展示活动，每年吸引来自全国各省份的 200 多所高校和 300 多个学生团队报名参加。

2. 创新教育手段和方法，刮起"选课旋风"

在当前"互联网 +"的背景下，"95 后"和"00 后"已成为高校的主体，怎样才能真正实现"学懂""会用"的思想政治课程目标？武汉大学将思

政课引入到网络教学中，探索出了一种新的教学模式。由武汉大学马克思主义学院打造的4门思政课慕课——马克思主义基本原理概论、中国近现代史纲要等，在国家级慕课平台"爱课程"网中国大学慕课正式发布，这是该平台首次上线思政课课程。武汉大学马克思主义学院院长佘双好介绍，思政慕课在上线课程中属于"网红"级别，第一季有88881人选修，第二季有65423人选修，两季总选课人数达154304人。选课者以在校本科生为主，同时也吸引了在职教师和社会学习者。武汉大学将课堂教学、实践教学和网络教学相结合，形成了一种"武大思政课旋风"的三维教学模式。课前，教师将课程任务和测验发布在平台上，学生完成后，教师就能根据反馈的数据了解学生的掌握情况。课堂上，老师可以有针对性地进行讨论、讲解和深层次研讨，许多同学认为，这种线上线下相结合的教学方式使学习更有效率、更加深入，也能解决学生个体之间的差异性问题。

3. 破解"孤岛现象"，汇聚各类资源

武汉大学在进行课堂改革的同时，将学校的各种力量、资源和课程整合到一起，形成了一个协同育人、合力育人的系统，打破了思政教育中的"孤岛现象"。武汉大学特别重视给学生们上的第一堂课和"最后一堂课"。每到九月，校长都会带领新生参观校园，讲述学校的历史，与校友交流，让新生对学校产生浓厚的感情。每个学期，学校领导们都会走上讲台，为大学生们上一堂关于党的讲座，以及关于时局与政策的讲座。此外，武汉大学还"请大师讲小课"，让学生亲身感受学术"大牛"们身上的爱国情怀。在针对新生的《测绘学概论》课堂上，宁津生、龚健雅等6位院士和多位科学家组成的教师团队，不仅对专业知识进行了倾囊相授，还通过自身经历，向学生们传递出了一种强烈的民族自豪感、卓越的工匠精神以及一颗赤诚的爱国之心，成为课堂上最为独特、最有说服力的思政教育资源，这门课也被称为"最奢华的基础课"。破解"孤岛现象"，还需广大学生在生活中践行所学。武汉大学官方微博开辟"点赞身边好人"栏目，记录身边的好人好事，给身边好人点赞成为一种校园时尚，目前已有近5000万人次参与。韩进表示，好的教育方式，不仅应该激励学生取得成功，还应该促进学生成才，尤其是引导学生成人。武汉大学就是要通过构建一个完整的体系，形成合力，打造"思政熔炉"，将思政教育真正融入育人的全过程中。

4.坚持"内容为王"，激发学习热情

"以前对抗日战争感触不深，现在老师给我们展示了旧照片和视频，让人仿佛回到了那个战火纷飞的年代。"武汉大学一名学子感叹道。武汉大学思想政治教育课程改革的初衷是如何激发学生的学习兴趣。而要做好这一起点工作，就必须从充实课堂教学内容入手。"思政教育不是说教，不要把思政工作做成说教。"校党委书记韩进这样要求。过去，实践教学课程主题都是"中国的自信从何而来""中国式民主"这种"高大上"的论题，刚入学的学生想加入课堂讨论，往往有心而无力。现在，因为课程中加入了"从中外动画电影看文化软实力""普通公民与国家形象""我的梦与中国梦""对互联网＋的认识"等时兴话题，课堂讨论异常活跃，有时大家还能形成"争锋"。"实践教学课不完全是'放养'。"武汉大学的思政课教师杨军说，每一次讨论、每一次调查，班主任都参与其中，引导同学们运用科学的研究方法，培养同学们多视角思维。这一改变得到了众多学生的称赞。"内容与形式统一、理论与实际结合、老师与学生互动、考试与考核互补"。孙来斌认为，这是一种以立体、多维度、交互为特征的新课堂，旨在彻底改变以往"满堂灌""填鸭式"的教学模式，重点解决"吃不饱"和"吃不了"之间的矛盾，扭转学生学习积极性不高的现状。

（二）华中科技大学思政课信息化建设

1.融入媒体宣传，增强舆论影响力

这一举措旨在通过多样化的媒体渠道，更有效地传递思想政治教育理念、政策导向和优秀典型，引导全校师生积极投入，营造浓厚的思想政治教育氛围。首先，学校积极与主流媒体建立合作关系，借助新闻报道、专题文章等传播形式，将学校重要思政教育活动和成果及时推送给社会大众。同时，实施"党报进宿舍"活动，将人民日报、光明日报、中国教育报等主流报投递到每一间学生宿舍，深入传播主流思想。其次，学校注重在新媒体平台上开展宣传，包括校园官方微信、微博、短视频平台等。大力支持"冰岩作坊""华小科"等新媒体技术团队，高水准运营官方微博、官方微信"华小科"以及网站"华中大在线"，高品质推出《校园航拍：华中科技大学不完全印象》等校园精品内容，主动占领网络舆论阵地。通过这些新媒体工具，学校能够实现与师生的直接互动和信息传递。发布重要思政教育内容、推出精心制作的宣传视频、分享校园典型经验等，进一步拉近与师生的距离，提高他们对思政教育的认同感和参与度。

2. 建设四大课堂，贯穿思想政治教育全过程

华中科技大学着力建设思想政治教育的教学课堂、活动课堂、网络课堂和实践课堂，从知识根基、文化氛围、网络环境和实践检验四个方面入手，贯穿思想政治教育全链条。做好"第一课堂"，锤炼思政课"知识链"。要对思想政治教育课程的编写和管理进行规范化，要将中国特色社会主义教育教学中的实践经验和鲜活的事例展现出来，提高教学内容的时效性和吸引力。在思想政治教育中，要采取集体备课、集体评课、奖罚、提醒谈话等措施，确保思想政治教育的质量。成立了由校党委书记担任组长的思政课程建设领导小组，党委常委会专题研究思政课程建设，校领导参与集体备课，探索互动式教学，共同打造让大学生"真心喜欢、终身受益"的思政课程。同时，努力打造第二课堂，创新文化品牌活动。在本科生中实施"党旗领航工程"，增强大学生对党的政治认同。在研究生中开展弘德教育系列活动，举办"红色领航员"训练营、"弘德讲坛"，学校还聘请了一批"感动中国""全国道德模范"到学校宣讲"大德"。开展"党报进寝室"活动，每年拨款220万元，以《人民日报》和《光明日报》为主

要刊物，向寝室寄发。此外，筑牢第三课堂，拓展网络思政延伸环境链。强化网络舆情预警，建立校内舆情监测和反馈机制，积极参与全网教育舆情监测和上报工作。建立包括专家学者、学工队伍和大学生在内的网络评论队伍，培育网络舆论引导的重要力量，营造健康向上的网络舆论环境。围绕学校中心工作，积极推进新媒体建设，发挥新媒体育人功能。同时，强化第四课堂，通过实践锻炼充实行动链。学校已建立了150多个不同层次的大学生社会实践基地，为学生们提供了足够多的社会实践机会，并鼓励和引导他们深入社会，参与实践活动。在每一个学期，我们将分阶段进行爱国主义教育，帮助残疾人。在暑假期间，我们组织同学们开展红色寻访、科技推广、医疗服务、支教、扫盲、环保等社会实践活动。创建了志愿者队伍，并进行长期的志愿者工作和公共服务，形成了浓厚的志愿者氛围。

3. 创新教学方法，打造校园爆款课程

创新高校思政教育工作，离不开更贴近实际的教学形式。"大学之为大，就是在授业解惑中，引人以大道、启人以大智，使人成为栋梁之材。思政教育，要不断探索将'高度'与'温度'结合，把'天下事'更好地讲成'身边事'，立德树人，打造'有灵魂的卓越'。"在华中科技大学思政课《深度中国》授课中，为了能在课堂上抢到一个座位，每次课前半个小时，许多同学就已赶到教室；没有座位的学生，挤满了走道，宁愿站上两个多小时，也要把课听完……无论是从每堂课的授课教师人数、授课方式，还是与学生之间的互动方式来看，《深度中国》课程都可谓另辟蹊径。而类似的形式创新、内容创新和方法创新贯穿于课程始终。华中科技大学马克思主义学院院长黄岭峻教授介绍，课程结合的多是开课一段时间内广受关注的话题，比如中美经贸摩擦、精准扶贫等。避免"填鸭式"的教学，将思政理念融入"接地气"的教学全过程，让学生在思辨中增进对中国道路的自信，增进对中国方略的认同。每学期的十二次课都确定了不同的主题，并结合不同主题推出了专题式、辩论式、对谈式等形式多样的授课方式。"专题式主要由一位老师主讲，辩论式则由两位老师分正方、反方共同主讲，对谈式则是由三位或多位老师共同参与，在对谈中交流真知灼见。不拘一格，根据课程的需要灵活选择。"授课教师李建国副教授说。《深度中国》课程还广泛"借智"，除了来自马克思主义学院的任课老师之外，还广邀校内外名家学者。华中科技大学党委书记邵新宇、原校长丁烈云，以及武汉其他高校的知名学者，都曾登上讲台。更有深度的内容、更有新意的表达，赢得了学生们的更多共鸣。

第二节　湖北高校推进"大思政课"教育信息化建设存在的问题

一、智慧教育平台建设不足

在湖北省高校教师的问卷调查中，有74%的教师认为智慧平台建设不足是"大思政课"信息化建设过程中面临的主要问题。事实上，在湖北高校在推进"大思政课"信息化建设中，确实存在利用网络授课平台相对较少和功能开发比较落后等问题。首先，高校在推进"大思政课"信息化建设时，一些学校可能未充分重视或因设备、技术等限制无法开展网络授课平台的建设和利用。这导致很多课程仍采用传统面对面的授课方式，而未能充分利用网络授课平台进行线上教学。这种情况下，学生在时间和地点上的限制较大，无法充分利用网络资源进行自主学习，影响到信息化教学的全面推进。其次，湖北高校的一些网络授课平台功能开发尚浅。学校和教师对这些平台的运用大多停留在的课程视频上传和下载上，缺乏更多互动性的教学工具和资源。与教育平台多种多样和功能模块相比，学校对于平台的使用浅尝辄止，不利于信息化教学的深入推进，也无法满足学生个性化学习的需求。另外，智慧教育平台的培训与推广也值得关注。有些湖北高校在建成智慧教育平台后，未能充分开展培训工作，使得部分教师对平台的使用和操作感到陌生和困惑。同时，学生对平台的认知和接受程度也参差不齐。针对这些问题，教师认为学校可以从多个方面利用现代技术促进思政教育的创新与发展。例如，开设在线思政课程和虚拟学习平台；利用移动 App 提供思政学习资源和互动工具；利用人工智能技术实现个性化的思政教育指导；利用大数据分析学生学习情况，提供针对性的教学措施；建立在线社群和讨论平台，促进师生间的交流与合作。总之，解决这些问题的关键在于高校加大对网络授课平台的投入和重视。高校应积极引入先进的网络授课平台，选择功能齐全、稳定可靠的系统，以提供更好的教学和学习体验。同时，鼓励教师积极参与线上教学，提供相应的培训和支持。高校还可以推动教师间的交流和分享，鼓励借鉴先进的教学经验，促进信息化教学水平的提升。通过切实措施更好地运用网络授课平台进行教学。同时，高校可以与科技公司合作，共同推进网络授课平台的技术更新和功能改进。通过与专业的科技公司合作，高校可以更好地了解行业的发展动态，及时引进新技术和教学方法，推动网络授课平台的不断创新和优化。

二、思政课教学资源库不够

湖北高校在推进"大思政课"信息化建设中，思政课教学资源库的匮乏是一个值得关注的问题。这一问题主要表现在教学资源的数量不足、质量参差不齐，以及缺乏互动性和个性化学习资源。首先，思政课教学资源库的数量有限。由于思政课的特殊性，需要涵盖广泛的学科内容和时事热点，但目前部分高校的资源库仍相对有限。教学内容的匮乏限制了教师在教学中的选择和创新，同时也影响了学生的学习体验和兴趣。其次，资源库中的教学内容质量不一。一些资源可能过时陈旧，难以吸引学生的注意力和学习兴趣，而另一些资源可能缺乏深度和思辨性，无法满足高等教育的教学要求。教学资源质量参差不齐会影响学生对思政课的学习效果和理解深度。另外，部分思政课教学资源库缺乏互动性和个性化学习资源。在教师建言献策问题中，分别有61%和62%教师认为学校应该加强人工智能和大数据的利用，以加强对学生的个性化指导。可见，信息化教学的优势在于能够提供互动性学习和个性化教学的机会，但目前一些资源库未能充分发挥这些特点。缺乏互动性和个性化学习资源可能导致学生的学习被动，难以激发学生的学习热情和主动性。思政课教学资源库的匮乏问题不仅影响学生的学习效果，也给教师的教学工作带来挑战。教师在备课时难以找到多样化、优质的教学资源，限制了他们的教学设计和教学效果。总之，湖北高校在推进"大思政课"信息化建设中，思政课教学资源库的匮乏问题需要引起重视。解决这一问题，需要高校加大对资源库建设的投入和支持，鼓励教师参与资源共享和交流，以提高教学资源的质量和多样性。同时，高校还可以引入先进的教育技术，开发具有互动性和个性化特点的教学资源，提升思政课信息化教学的质量和效果。

三、师生缺乏信息化素养

信息素养可以通过教育教学来培养。其实质是全球信息化要求人具备的一种基本能力。它包括对信息和信息技术的基本知识和基本技能的掌握，以及运用信息技术进行学习、合作、交流和解决问题的能力。推动现代信息技术与思政课教学的融合，需要一个过程，二者的融合也是一个由多个要素和环节构成的系统工程。根据问卷调查结果显示，湖北高校教师普遍认为在推进"大思政课"教育信息化建设时，应加强教师信息化素养的培训和专业发展，同时引导和培养学生参与信息化教学活动。这意味着，思想政治教育中的学生、教师和信息化工具作为教育过程的主体、客体和中介，三者之间的融合互促还有待优化。一方面，教师运用信息技术来提升思政课教学质量的高低不仅受到教师自身信息技术素养水平的影响，也受到技术开发者和组织管理者所搭建的平台和环境等多方面条件的制约。总的来说，在现代信息技术与思政课教学中，教师的信息素养仍处于初级阶段。大部分的老师都能使用办公软件和社交软件，但只掌握了一些基础操作技巧。教师利用信息化设备的最终目标是提升工作效率，并满足基本教学管理需求。然而，在灵活运用各种智能技术手段、准确判断和解决一些教学问题方面还存在明显的不足。

另一方面，教师信息化素养的缺乏主要体现在对新媒体技术运用不够熟练，而学生则主要体现在无法有效辨别网络环境中众多信息的真实性，这增加了推进"大思政课"教育信息化的难度。随着新媒体时代的来临，各种信息呈现出数字化、多元化和智能化的特点。当前，高校思想政治工作面临着新的挑战。互联网信息具有典型的多元性、碎片化特征，其中内容种类丰富多样，质量参差不齐，传达的价值导向和思想观念多种多样。大学生习惯于互联网环境并乐意为此添砖加瓦，遇到问题普遍的寻求方式就是网上搜索。然而，当碎片化、娱乐化的网络信息持续占据大学生日常生活的时候，他们的学习习惯、行为方式以及思维方式都会呈现出这样一种偏好，从而呈现出对知识信息的娱乐趣味性、政治原则淡化等特征。这些都会影响思政课的教学质量和教学效果。

本章节探讨了湖北高校推进"大思政课"教育信息化建设的现状与问题。在建设现状方面，湖北高校普遍重视"大思政课"信息化建设，积极探索适合本校特点的发展路径。在武汉高校中，武汉大学和华中科技大学作为代表，分别进行了思政课信息化建设，并取得了一定的成效。武汉大学充分利用智慧教育平台，提供多样化的教学资源和在线交流平台，打造了一批特色品牌课程，有力扩大了本校的思想政治影响力和覆盖范围。华中科技大学将思想政治教育融入媒体宣传，同时打造四大课堂，贯穿思想政治教育全过程。这些举措有助于增强学校的舆论影响力和实效性，推动思政课教育更广泛地传播。然而，在建设过程中仍存在一些问题亟待解决。首先，智慧教育平台建设不足。高校对智慧教育平台的开发力度不够，部分平台功能设计单一，技术支持不完善，影响了教师和学生的交互方式和学习体验，降低了信息化教学的效果。其次，思政课教学资源库不够丰富。一些高校在推进信息化建设时未充分建设起完善的教学资源库，导致其中的教学内容相对有限。这限制了教师备课时的选择和创新，同时也影响了学生的学习效果。最后，师生缺乏信息化素养。部分教师对信息化教学的运用和操作感到陌生和困惑，而学生对信息化学习的接受程度也参差不齐。因此，高校需要加强对教师和学生的培训与宣传，提高他们的信息技术水平和信息化教学意识。

第七章 湖北高校推进大中小学 "大思政课"一体化建设 现状与问题

第一节 湖北高校推进大中小学思政课一体化 建设现状

一、湖北高校推进大中小学思政课一体化概况

习近平总书记在 2019 年 3 月 18 日召开的学校思想政治理论课教师座谈会中指出："在大中小学循序渐进、螺旋上升地开设思想政治理论课非常必要，是培养一代又一代社会主义建设者和接班人的重要保障。"① 大中小学思政课一体化建设既是理论和实践相结合的整体结构，又是党的创新理论与思政教育教学交融并进的动态过程。为探究湖北地区高校推进大

---

① 习近平. 思政课是落实立德树人根本任务的关键课程 [J]. 求是，2020（17）：7.

中小学思政课一体化建设状况，现对湖北部分高校思政课教育情况进行了调研。

（一）湖北高校推进大中小学思政课一体化建设问卷调查支撑

本次问卷调查样本对象主要为专（兼）职高校思想政治课教师、大学专业课老师、党政教辅和管理人员及中小学教师，共发放问卷180份，回收问卷180份，回收率为100%；有效问卷172份，有效率为95.56%。其中，男性教师51人，占比29.65%，女性教师121人，占比70.35%。从教师年龄层次来看，20–30岁33人，占比19.19%；31–40岁59人，占比34.3%；41–50岁43人，占比25%；51岁及以上37人，占比21.51%，中青年教师群体占比较大。

从样本对象在高校及中小学担任工作来看，以高校专（兼）职思政课教师和中小学教师为主，分别为91人和63人，占比分别为52.91%和36.63%。从样本对象在校职称来看，以副高职称、中级职称为主，其中副教授（副高职称）42人，占比24.42%；讲师（中级职称）87人，占比50.58%。从教学经验来看，5年及以下共57人，占比33.14%；5–10年及10–15年合计46人，占比26.74%；15年及以上共69人，占比40.12%。

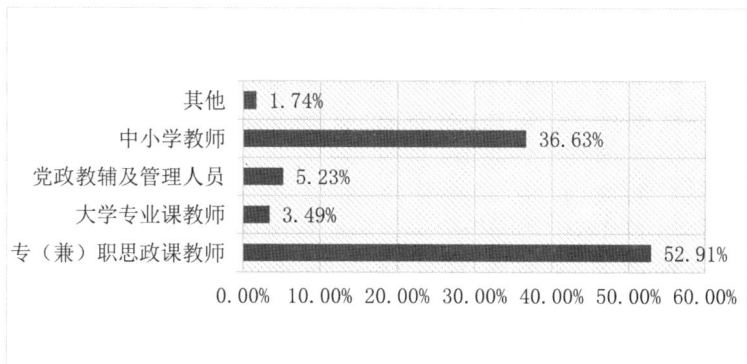

图7–1　高校教师担任工作情况

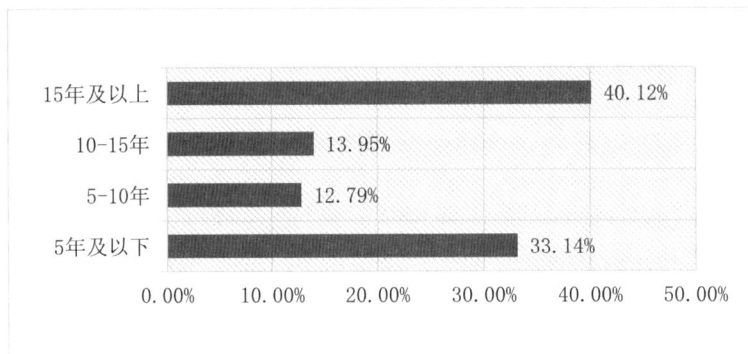

图7-2　高校教师思政课教学经验

可以看到，样本对象教学专业性较强，基本属于"大思政课"一体化建设一线工作者，其中中高职称教师数量较多，对"大思政课"一体化建设状况具有一定发言权。教师教学经验呈两头高、中间低的特点，可能同与近年来思政课专职教师引进较多有关，教师群体年轻化趋势明显；5年以上教学经验的教师群体规模较大，在"大思政课"一体化建设中起到中流砥柱的作用。

（二）湖北高校推进大中小学思政课一体化建设问卷调查内容分析

1."大思政课"一体化建设工作的支持方面

多数教师认为当前"大思政课"一体化建设状况较好，但仍有改进空间，部分教师则认为一体化建设工作目前面临较大的困难。从教师的教学实践来看，湖北高校大中小学"大思政课"一体化建设取得了一定成就，但也存在一定的问题。

在一体化建设教学端支持方面，调研数据显示，认为"加强了教学指导和支持"的教师占比69.77%，认为"完善了教材和教学资源"的占比69.19%，认为"组织了教师培训和交流活动"的占比达到80.23%，认为"进行了评估和监督教学质量"的占比为32.56%。

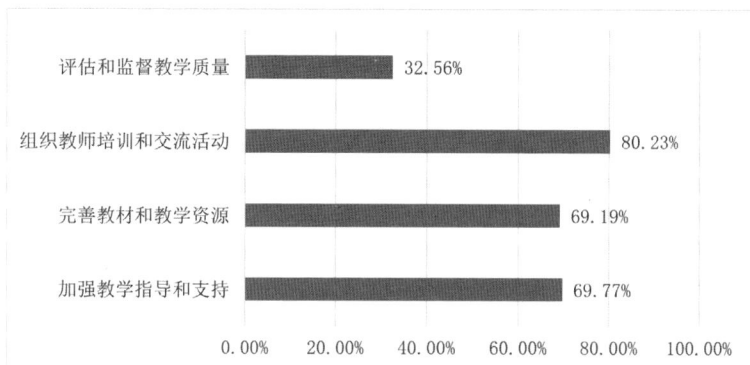

图 7-3　教师对"大思政课"一体化建设满意的工作内容

随着大中小学"大思政课"一体化建设工作的持续开展，教师在教学指导、教学资源和交流培训方面得到了更多发展。在教学指导方面的支持有利于把握思政课教学的大方向，提升教学质量和专业化水平；在教材和教学资源方面的支持，有利于丰富教学内容；在教师交流培训方面的支持，有利于规范教学方式和方法，互相学习和借鉴，促进教学模式的创新。

2. "大思政课"一体化建设工作存在的主要问题方面

从教师视角来看，"大思政课"一体化建设工作中也存在较多问题。从调研数据来看，认为课程体系不够完整的占 51.74%；认为教材设置不够合理的占 42.44%；认为大中小学之间的合作与协调不足的，达到 83.14%；认为组织管理有待加强的占 42.44%；认为教学方法不够多样的占 32.56%；认为师资力量不够充足的占 34.3%；认为评估机制有待完善的占 41.28%。

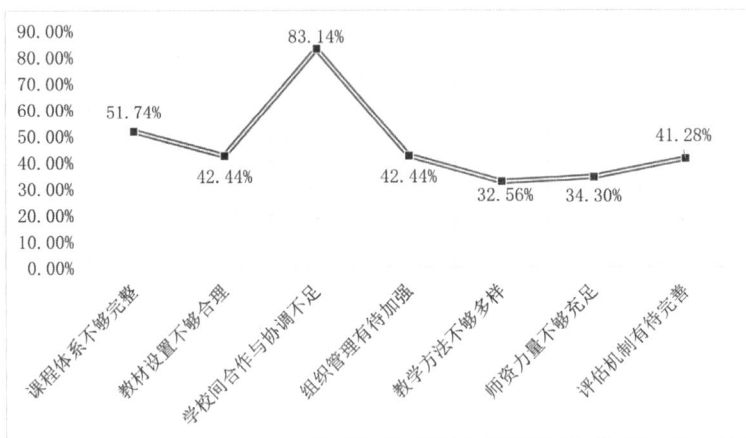

图7-4 教师对"大思政课"一体化建设存在问题的看法

由此可见，大多数教师认为当前一体化工作存在的最大问题是大中小学之间的合作与协调不足，纵向上中小学与高校思政教学缺乏联系，没有形成连续系统的教育模式；横向上各高校间缺乏协同，仍处于各自为政的状态；其次，课程体系构建不完整，课程构成要素较为单一；再次，教材设置不合理和教学方法缺乏多样性，导致教学效果不佳、学生学习热情不高。总而言之，湖北"大思政课"一体化建设还有许多需要改进的方面。

3."大思政课"一体化建设工作改进空间方面

在问及推进大中小学"大思政课"一体化建设中需要哪些方面的支持时，调研数据显示，65.7%的受访者认为要加强与完善课程体系建设；61.05%的受访者认为要加强教材编写与实时更新；85.47%的受访者认为要加强大中小学沟通合作；51.74%的受访者认为要完善组织管理；56.4%的受访者认为要加强师资队伍建设；还有46.51%的受访者认为要优化评价体系。

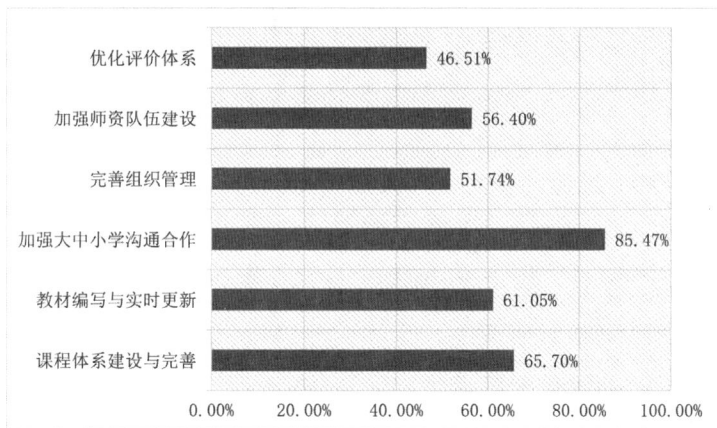

图7-5 教师对"大思政课"一体化建设所需支持的看法

可见，当前我们面临的主要问题体现在哪些方面，相应的需求就会出现在这些方面。一方面，教师群体在增强大中小学沟通合作方面达成了共识，认为这既是现阶段思政课教学模式创新的关键所在，也是未来一体化建设的努力方向。另一方面，完善课程体系和实时更新教材也是推动思政课教学贴合时代、贴近生活、贴切学生需要的重要工作。

推进大中小学"大思政课"一体化建设工作，第一，要加强整体性。大中小学思政课是一个统一的有机整体，我们应坚持系统、整体、发展的观点，对大中小学思政课各方面、各层次进行整体规划、统筹安排和系统推进。第二，要加强衔接性。在课程体系方面，大中小学思政课都应加强以习近平新时代中国特色社会主义思想为核心内容的思政课课程群建设，在小学、初中、高中和大学等不同阶段开设相应的课程，实现体系的建构、循序渐进、逐步深化。第三，要加强协同性。思政课应与各类教学资源协同并进、形成合力。我们要加强思政课与各类学科的配合，与教育资源的协同，立足于本校的特色资源，将思政"小课堂"与社会"大课堂"结合起来，积极联通社会实践资源，例如博物馆、纪念馆、革命遗址等作为大中小学思政课一体化教学场所。

二、湖北高校推进大中小学思政课一体化特色案例——以985 高校为例

2022 年 7 月 25 日，教育部印发的《全面推进"大思政课"建设的工作方案》中提出，全面推进"大思政课"一体化建设，要善用社会"大课堂"、搭建"大资源"平台、构建"大师资"体系，充分调动全社会力量和资源，建设全国高校思政课教研系统，设立一批实践教学基地，推出一批优质教学资源，做优一批品牌示范活动。在"大思政课"一体化建设实践中，湖北"985"重点高校利用自身特色资源与优势学科，打造了一批具有特点的思政示范课程。

（一）华中科技大学"大思政课"建设工作特色亮点经验

1.统筹规划，搭建"大平台"

华中科技大学在学校党委的支持下，经常召开关于马克思主义学院建设、马克思主义学科发展、思想政治教育改革与创新的专题研讨会。协调发展，将马克思主义学院与其他院系的思政课教学和科研资源整合起来，成立"马克思主义研究院"。同时，推动"习近平新时代中国特色社会主义思想概论"课程的建设，指导有关院系开设"习近平总书记关于教育的重要论述""习近平法治思想""习近平经济思想"等课程，对思政课体系进行进一步的优化与完善。

2.培养教师队伍，增强"大师资"

在师资培养方面，华中科技大学通过制定人才引进计划，与其他高校的马克思主义学院、研究机构等建立合作关系，完善人才交流长效机制，共同推动高校和研究机构思政课师资队伍建设质量提升；通过专业化培训，提高思政课教师的授课质量，重点对青年教师的教学能力、方式和方法进行有针对性的培训；完善教学成果评估机制，定期对教师的教学质量和研

究成果进行评估，帮助思政课教师不断提升专业能力和水平；建立长效激励机制，将思政课教师和辅导员的教育成效纳入评估标准，在学校"师风师德"先进个人、"三育人奖"等评选中加大倾斜支持力度。

3. 创新教学模式，用好"大课堂"

依托本校特色课程，持续加强以习近平新时代中国特色社会主义思想为核心内容的必修课和以"深度中国"为代表的选修课体系建设。"深度中国"是华中科技大学开设的一门特色选修课程。这门课程与当前的热点问题紧密联系，避免了"填鸭式"教学，将思政理念融入教学全过程，让学生在思考中增进对中国道路的自信，增强对中国方略的认同。每学期十二课时，分别确定不同的主题，并结合这些主题，发展出专题、辩论、对话等多种教学方式，实现思政课教育与具体实际相结合。

推动思政课教师和思政课程组定期走进专业院系，与专业老师一起深入挖掘各专业课程中的思政元素，生动课堂授课环节，以讨论课、新闻播报等形式，完善师生"同研"机制；重视师生课后互动环节，通过书信、微信、QQ、访谈等方式，加强与学生家庭的交流沟通，健全家校"同育"体系，不断凝聚育人合力。创新课堂教学方式，运用"翻转课堂""情景剧""辩论赛"等手段，使传统课堂"活起来"，运用网络直播、弹幕教学、虚拟实境教学等手段，让网络课堂"火起来"，着力打造让更多学生爱听、能懂、愿行的新时代高质量思政课。

4. 推动资源共建，开展"大实践"

积极挖掘区域红色文化和校史资源，丰富教学资源库，持续拓展思政课实践内容。依托学校精密重力测量国家重大科学基础设施、附属协和医院等"大思政课"实践教学基地，与相关研究中心、博物馆等联合建设思政课研修实践基地，定期组织学生开展现场专题教学活动，邀请基地专家来校讲授专题课程，通过走出去和请进来相结合的方式，进一步提升育人实效。例如，马克思主义学院相继与机械科学与工程学院、材料科学与工程学院、电气与电子工程学院、物理学院进行联动，积极进行思政课程与课程思政教学探索。学校"四颗明珠"及其他国家重点科学研究平台作为思政课实践基地，进一步丰富思政课教学形式，挖掘科学创新过程中的科学家故事，并将其作为思政教学案例素材，提升教育实效，讲好华中大故事。

充分发挥学院、团委等部门力量，积极组织学生参与中国国际"互联网+"大学生创新创业大赛"青年红色筑梦之旅"、习近平新时代中国特色社会主义思想大学习领航计划等实践活动，引导青年学子"用脚步丈量祖国大地"。鉴于社会实践与社会认知在思政课教学中的重要性，华中科技大学从本科思政必修课中拿出2个学分，开设"思政课社会实践"，主题包括中国共产党人精神谱系、科技自立自强、乡村振兴和基层治理等。例如，机械工程学院"溯源华中装备制造技术发展史，传卓越华科大机械STAR精神"实践队探索城市中的机床演变过程，挖掘埋藏在历史中的"STAR"精神。材料科学与工程学院"点土成金"团队对云南省临翔区的当地主要陶瓷生产园区进行了现场考察，对3D打印的高岭土陶瓷生产线进行了调研和回访，在少数民族民俗文化采风中探索民族特色产品等。

（二）武汉大学"大思政课"建设工作特色亮点经验

1. 构建协同一体"大格局"

武汉大学成立了重点马克思主义学院和思想政治理论课建设领导小组，在党委书记和校长的双重领导下，学校20多个部门常态协作、分工负责，合力构建党委统一领导、党政齐抓共管、各部门各教学单位层层落实的"大思政课"建设工作格局。

学校先后制定出台关于进一步加强思政课建设的决定，并研究出台了全面推进"大思政课"建设实施意见，明确每条措施的责任单位，将思政课建设纳入学校党建工作考核、政治巡视、办学质量和学科建设评估标准体系中，每年组织机关部门述职"十条举措"的落实情况，将"软指标"变成"硬约束"，形成了"齐抓共管"的工作格局。

学校党委书记和校长坚持每年带头讲思政课、带头听思政课，并与思政课教师进行面对面的交流。他们也积极参加新生"开学第一课"，引导学生树立远大理想，坚定服务人民、报效国家的志向。在"双一流"建设规划和"十四五"党建和思想政治工作专项规划中，把思政课建设列入立德树人的重要组成部分，同时将其纳入高校党建工作考核、政治巡察、办学质量、专业建设等评估标准体系中。

2. 筑实育人铸魂"主渠道"

武汉大学立足首批全国重点马院、教育部学科评估 A+ 级学科等优势，以 18 项国家社科基金重大项目等为牵引，展开深入研究，形成《马克思主义大辞典》《李达全集》等一批高水平成果，为把思政课讲深、讲透、讲活提供了理论支撑。

继续推进思政课"亮点"建设，集中全校力量，开展"习近平新时代中国特色社会主义思想概论"课程教改创新项目，构建六个学部协同合作、全校共建一堂课的新格局。武汉大学对于这门课程进行了精心设计，针对不同专业的学生特点及需求，设计了多个主题模块，开展了有针对性的分众式教学。采用多学科联合"磨课"和协同教学的创新方式，推动该课程与其他学科的深度有机融合，持续增加优质的思想性和理论性资源，力争打造出一堂由名师领衔的、高度专业化的、精彩的、深受学生喜爱的思政第一课。

3. 建好社会实践"大课堂"

积极构建党委统一领导，马克思主义学院积极协调，相关职能部门密切配合的思政课实践教学工作体系。精心设计思政课实践教学模块，开设"思想政治理论课教学实务""高校思想政治工作实务""新媒体与马克思主义大众化"等专门的实践教学课。组织学生积极参与教育部组织的"互联网+"大学生创新创业大赛青年红色筑梦之旅、"小我融入大我，青春献给祖国"主题社会实践等活动。在暑期社会实践中，持续设置"揭榜挂帅"

思政课专项，由思政课教师带队，打造了行走中的思政课堂。

充分利用武汉大学人民医院和中南医院等第一批"大思政课"实践教学基地的示范作用，新建了20余个校内外武汉大学"大思政课"实践教学基地，探索建立长效合作机制，开展实践教学。2021年3月，开设湖北高校省级本科素质教育选修课程《伟大抗疫精神》，吸引了近70所高校超过13万人次选修。

此外，学校在樱花季、毕业季、迎新季等重要活动期间定期组织同学们参加志愿服务工作，开展"与逆行者同行·为奉献者奉献"主题活动，为医务人员子女提供线上辅导，并三度得到央视《新闻联播》的报道；举办"致敬抗疫英雄赏樱专场"，招募1500余名师生志愿者为赏樱的医务人员提供服务，鼓励学生和教师在实际工作中上好大的思政课，在实践中更好地培养家国情怀。

4.打造专兼结合"大师资"

进一步充实专职思政课教师队伍，引育一批高层次人才和优秀青年教师，并选拔出优秀的党政干部和辅导员来担任思政课教师。深化教师评价改革，建立健全独立的职称评审制度。持续建设高质量培育体系，组织集体备课会、示范课等，打造"珞珈思政名师工作室"，开展"优秀青年学者支持计划"，由在职资深教师指导年轻教师，形成"传帮带"的思想政治教育模式，促进年轻教师的成长。

对思政课特聘教授、兼职教师制度进行进一步完善，邀请地方党政领导干部、企事业单位管理专家、社科理论界专家、劳动模范等走进思政课堂，提升思政课教学的感染力和说服力。本着开放的理念，武汉大学已着手积极吸纳社会各界代表性人物走上思政课大讲台，邀请一批时代楷模、道德模范、英雄模范、改革先锋、青年榜样，以及一些重大事件、重大工程、重大政策的参与者、亲历者、制定者等为学生上思政课，让思政课程真正发挥立德树人的重要作用。

5. 搭建资源汇聚"大平台"

构建思政大数据平台，依托本校教育部高校思想政治工作创新发展中心、辅导员工作室等资源，对老师和学生的思想政治情况进行常态化动态调查，研发"思享珞珈"大学生研究数据平台，对学生的思想、心理以及关注的热点难点问题进行深入研究，并将研究成果应用于思政课教学，提高教学的针对性和实效性。

建设网上宣传教育的云端平台，持续开展优秀网络文化成果评选活动，以思政课的教学内容为中心，进行微电影、动漫、音乐、短视频等创作。连续六年承办教育部"我心中的思政课"全国高校大学生微电影展示活动，每年吸引全国各省市区 200 多所高校 300 多个学生团队报名参加，共积累 1339 部优秀思政微电影，已成为具有全国影响力的思政活动品牌。

作为教育部首批高校融媒体中心试点单位，依托强大的融媒体矩阵，举办"融媒大讲堂"，并与光明网合作推出 50 集"光明理论慕课"。以"互联网＋跨学科＋思政课"的融合理念，精心制作并发布了"马上见"这一在线思政课程，获得了超过 520 万的点击量。打造开学典礼、毕业典礼最美思政课，推出医护赏樱专场直播，相关视频在各网络平台播放量超 9000 万次，总浏览量超 20 亿，开启网上思政新范式。

第二节　湖北高校推进大中小学思政课一体化建设存在的问题

统筹推进大中小学思政课一体化建设、推动思政课建设内涵式发展，是国家教育事业中的一项重要工程。随着大中小学思政课一体化建设的正式提出，在坚实的组织保障和政策支持下，湖北省各地、各高校对于大中小学思政课一体化的探索也正在火热进行中。在湖北省教育厅部署的 2023 年"十大行动"中，大中小学思政课一体化建设行动排在第一位，是"十大行动"中的首项内容。湖北省致力于构建大中小学思政课一体化的教学体系，着力从课程、教材、资源、队伍、机制等方面推进一体化建设，努力提升思政课的全方位育人效果。而高校作为教育体系的终端，在其中发挥着极为关键的作用。高校不仅在推进大中小学思政课一体化建设过程中具有重要的引领功能，还是大中小学思政课一体化建设共同体的重要主体。

在关于湖北省推进大中小学"大思政课"一体化建设现状与问题的调研中，调研团队面向湖北省各高校及中小学的近两百位教师展开了调研，调研对象囊括了高校专（兼）职思政课教师、高校专业课教师、高校党政教辅以及管理人员、中小学教师等多个教师群体。从调研的实际情况来看，在近200位调研对象中，在对当前湖北省推进大中小学"大思政课"一体化建设现状的评价方面，仅有11%的教师认为当前的建设现状很好、取得了显著成效，有62%的教师认为当前的建设现状较好、仍有改进空间，有20%的教师认为当前的建设现状一般、面临较大困难。综合调研结果可知，湖北高校在推进大中小学思政课一体化建设过程中仍有较大的提升空间，存在组织管理机制、课程体系建设、教师关键作用等方面的问题。

一、组织管理机制不够健全

大中小学思政课一体化建设是一项复杂的系统工程，涉及各级各类教育及教学、教研和管理的各个层面。它不仅需要各级学校相关部门共同推动，还需要每一位思政课教师共同努力。大中小学思政课一体化建设首先需要合理、完善的组织管理机制。只有在良好的组织管理机制下，一体化建设活动才能发挥最大的作用，实现最优效果。但根据调研情况，在湖北省推进大中小学思政课一体化建设的过程中，高校在发挥引领作用方面存在组织管理机制不够健全的问题。一方面，各高校之间缺乏统一的大中小学思政课一体化建设领导和管理机制；另一方面，各高校在自身引领的大中小学思政课一体化建设中缺乏有效的体系化管理。

（一）各高校之间缺乏大中小学思政课一体化建设方面统一的领导和管理机制

自从湖北省启动大中小学思政课一体化建设这一重大工程以来，到目前为止，湖北省内各高校之间已初步形成区域性的密切联系和管理体系。2023 年 4 月 18 日，中共湖北省委教育工作委员会、湖北省教育厅正式公布了大中小学思政课一体化共同体建设综合改革试验区和示范校名单（鄂教工委函〔2023〕9 号）。在本轮名单中，共有武汉市教育局等 13 个地方确定为大中小学思政课一体化共同体建设的综合改革试验区，共有武汉大学等 36 所高校确定为大中小学思政课一体化共同体建设的综合改革示范高校。

在 2023 年湖北省教育厅公布了大中小学思政课一体化共同体建设综合改革试验区和示范校名单之后，统一的管理机制在省教育厅的有力领导下正在逐步形成，并取得了初步发展和成效。但实际上，这一统一的管理机制尚处于建设初期，尚未形成系统的领导管理机制，各高校之间缺乏统一的领导和管理机制。调研结果显示，在近 200 位调研对象中，对于目前湖北省大中小学"大思政课"一体化建设中存在的主要问题，有 42% 左右的调研对象认为主要问题之一是组织管理有待加强，有 41% 的调研对象主张评估机制有待完善也是一大主要问题；对于推进大中小学"大思政课"一体化建设中需要哪些方面的支持，分别有 51%、46% 的调研对象认为要完善组织管理、优化评价体系。根据调研的实际情况，在着力构建大中小学思政课一体化建设的省域架构的过程中，各高校之间的统一管理机制尚需进一步完善，组织领导、条件保障和评价督导等方面均需加强相关建设，确保大中小学思政课一体化建设能够真正落实见效。

作为一项既跨学段又跨学科的系统性工程，大中小学思政课一体化建设过程中如果没有统一的管理机制，必然会影响一体化建设的实效。如何有效解决一体化进程中因学段不同、管理归属不同而产生的管理障碍问题，如何实现思政课在大中小学的课程教学中实现横向协同、纵向衔接的一体化发展，如何通过科学有效的平台、资源和活动体系，为一体化建设提供系统的支持和保障，关键就在于统一的管理机制的高效、常态化运行，在于通过各高校之间统一的管理机制发挥出高校在一体化建设中的引领作用。在大中小学思政课一体化建设进程中，统一的管理机制既是黏合剂，也是动力剂。只有充分发挥管理机制的效能，才能使各高校在一体化建设中做好引领工作，才能使大中小学各学段在一体化思政课建设中保持常态化、高效能的合作，并实现各学段之间的有效衔接。

（二）在各高校各自引领的大中小学思政课一体化建设中未形成体系化管理

在湖北省 2023 年 4 月公布的大中小学思政课一体化共同体建设综合改革示范校名单中，包括武汉大学、华中科技大学在内的 36 所高校成为大中小学思政课一体化共同体建设的综合改革示范高校。每所示范高校都有其相对应的、囊括了大中小学各学段的一体化建设成员单位，覆盖范围非常广泛。以武汉大学为例，武汉大学的大中小学思政课一体化建设的成员单位有：武汉东湖学院、武汉大学附属中学、十堰市东风高级中学、宜昌市第一中学、宜昌市夷陵中学、武汉大学附属外语学校、武汉市解放中学、武汉大学附属第一小学、武汉大学附属第二小学、武汉小学文化大道分校。

各示范高校都设有相应的大中小学思政课一体化建设"圈子"，但实际建设过程中，由于处于初期阶段，尚未形成体系化管理。调研结果显示，在近 200 位调研对象中，对于目前湖北省大中小学"大思政课"一体化建设中存在的主要问题，有超过 80% 的调研对象认为主要问题之一是大中小学之间的合作与协调不足；对于在推进大中小学"大思政课"一体化建设中需要哪些方面的支持，有 85% 的调研对象选择了"加强大中小学沟通合作"这一选项。根据实际调研情况可知，在各示范高校的一体化建设"圈子"中，大中小学各学段的思政课建设缺乏系统化的管理，各个学段的思政课建设多以各自摸索和各自建设为主，大中小学之间没有建立稳定的不同学段之间的思政课交流衔接通道，导致难以获取其他学段教学资源和信息、难以建立跨学段集体备课机制等问题。

针对统一管理机制的问题，首先要解决的是各示范高校领导在一体化"圈子"中的管理问题。只有解决好各高校自身引领的大中小学思政课一体化建设中的体系化管理问题，才能通过合作和沟通为各"圈子"内部的思政课一体化建设保驾护航，进而在统一的管理机制下实现大中小学思政课一体化建设的宏伟目标。

二、课程体系建设不够完整

大中小学思政课一体化建设是基于各学段有机衔接的一体化，而课程体系的完整统一则是一体化建设中实现有机衔接的关键因素。大学阶段作为大中小学思政课一体化建设的最后阶段，在一体化建设中发挥着总结和升华的重要作用。但根据实际调研情况，湖北省高校在推进大中小学思政课一体化建设进程中，存在的主要问题之一就是课程体系建设不够完整。

调研结果显示，在近200位调研对象中，对于目前湖北省大中小学"大思政课"一体化建设中存在的主要问题，有51%的调研对象主张主要问题之一是课程体系不够完整，有42%的调研对象认为教材设置不够合理；对于在推进大中小学"大思政课"一体化建设中需要哪些方面的支持，分别有65%、61%的调研对象选择了"课程体系建设与完善"和"教材编写与实时更新"这两个选项。由此可见，在湖北省高校推进大中小学思政课一体化建设进程中存在课程体系建设不够完整的问题。具体来说，就是未能很好地实现这一目标：根据全学段的思想政治教育总目标，在建设科学的大中小学思政课课程体系的基础上，实现课程内容的螺旋上升。

尽管各高校在大中小学思政课一体化建设过程中，能够很好地实现大学学段的思想政治教育分目标，根据该学段的具体特点进行梯度适宜的课程安排，完成了大学学段中基础的思政课教学任务。在大学阶段，思政课的教育教学活动主要以"习近平新时代中国特色社会主义思想"为核心，开展"思想道德与法治""中国近现代史纲要""马克思主义基本原理""毛泽东思想和中国特色社会主义理论体系概论"等高校思想政治理论课，并且课程内容会根据本专科生和研究生的不同人才培养目标和层次要求展开授课。但各高校未能很好地实现"螺旋上升"的目标：未能基于中小学各学段的思政课教育教学成果开展螺旋上升的思政课教育教学活动，未能通过大学阶段课程体系的总结和升华功能促进思政课在全学段的螺旋上升。大中小学思政课一体化建设的重要表现之一就是课程体系的循序渐进、螺旋上升。在推进大中小学思政课建设的过程中，高校存在课程体系建设不够完善的问题，具体说来就是在教学内容方面，没有实现课程内容在大中小学各学段之间的前后呼应、上下衔接和高低进阶，仍然存在同一知识点在各个学段重复出现的问题。在高中和大学阶段的思政课均有涉猎部分政治学、经济学和哲学常识，并且其中有着较多简单重复的内容。例如高中的《生活与哲学》和大学的《马克思主义基本原理概论》都涵盖了有关于运动的基本规律和唯物辩证法的教学内容，这些内容在两个学段存在着重复烦琐的问题。思政课与其他学科课程不同，它是一种在学习知识、积累知识的过程中对学生进行价值塑造的活动。如果思政课的教学内容存在很多不同阶段简单重复的内容，将不利于学生的价值塑造，并且可能会导致学生在"熟知"的认知错觉中产生对知识要点背后的价值观念的逆反心理。在大学阶段，只有在螺旋上升的过程中，尽量减少低水平重复的课程内容，实现对知识点的"真知"，才能真正实现思政课一体化建设的育人效果。螺旋上升作为辩证思维方法的形象表达，就是要在大中小学思政课一体化建设过程中增加知识量、提升思考力，让学生在"否定之否定"的高水平重复中进行创造性思维活动，从而强化认知认同、深化情感认同和固化价值认同。而这正是调研过程中，高校层面在推进大中小学思政课一体化建设进程中所缺乏的一大要点。

除此之外，根据调研结果可知，对于在推进大中小学"大思政课"一体化建设中需要哪些方面的支持，分别有65%、61%的调研对象选择了"课程体系建设与完善"和"教材编写与实时更新"这两个选项。课程体系建设和教材编写这两大选项反映在高校课程体系之中主要就在于课程目标和课程内容两个方面。正如前文所提到的，大中小学思政课一体化建设是基于各学段有机衔接的一体化。而这种有机衔接态势的形成离不开课程体系中的关于课程目标和课程内容等方面的一体化设计。然而，在实际的大中小学思政课一体化建设进程中，不仅在课程目标上未能凸显高校的引领作用，未能在高校的引领下建立起立体的目标框架。此外，在课程内容方面，高校也未能做好高中与大学的思政课一体化衔接工作，关于中小学的思政课课程内容如何向上跳跃至大学、大学的思政课课程内容如何主动向下承接到中小学，这都是当前所面临的重要问题。

三、教师关键作用发挥不足

大中小学思政课一体化建设进程中，思政课的育人效果关键在教师。作为思政课育人过程中的"强引擎"，优秀的师资力量是思政课教学质量的有力保障。大学作为大中小学思政课教育教学活动的最后一环，高校思政课教师更是大中小学思政课一体化建设中的关键力量、关键"引擎"了。

湖北省共有一百多所高校和数千名高校思政课教师。根据调研结果，湖北省各高校在推进大中小学思政课一体化建设进程中，高校教师们未能充分发挥其作为"强引擎"的功能和作用，教师的关键作用发挥不足。在近200位调研对象中，对于目前湖北省大中小学"大思政课"一体化建设中存在的主要问题，有32%的调研对象认为主要问题之一是教学方法不够多样，有34%的调研对象认为存在师资力量不够充足这一问题；对于在推进大中小学"大思政课"一体化建设中需要哪些方面的支持，有56%的调研对象选择了"加强师资队伍建设"这一选项。在大中小学思政课一体化建设进程中，湖北省各高校在这推进过程中存在着教师关键作用发挥不足这一问题，主要表现为两个方面：一是高校思政课教师在大中小学思政课教师队伍共同体中引领力发挥不足；二是高校思政课教师的专业素养有待进一步加强。

（一）在大中小学思政课教师队伍共同体中引领力发挥不足

想要建设好大中小学思政课一体化工程，思政课教师队伍的一体化和专业化建设是基础。基于大学在大中小学各学段的思政课教育教学活动中引领地位，高校思政课教师在大中小学思政课教师队伍共同体中也有着重要的引领作用。沿着专业化、职业化、专家化的发展方向，高校思政课教师队伍应在推进自身建设和发展的同时，注重引领中小学思政课的建设和发展，在一体化的进程中，在高校思政课教师与中小学思政课教师的双向作用下，取得最为优异的大中小学思政课一体化建设成果。

根据实际调研结果显示，当前湖北省的大中小学思政课一体化建设进程中，高校思政课教师的引领力明显发挥不足。在打造各个高校自身的大中小学思政课一体化教师队伍、建设各高校内部"纵向到每位思政课教师"和外部"横向到中小学各学段"的思政课一体化工作格局、建立高校思政课教师引领下的大中小学一体联动的交流培训机制等方面，各高校的思政课教师队伍仍有很大的发展空间。尤其是在推动学段递进、纵向衔接的教师工作梯队建设，推动不同学段通过"同课异构"活动实现思政课教育教学资源的共建共享等方面，高校思政课教师的引领作用还有待加强。

大中小学思政课一体化建设是由大中小学各学段的思政课教师们大手拉小手、一起推进思政课向前发展的重大工程。当前，湖北省在推进大中小学思政课一体化建设进程中，主要由各高校牵头开展一体化建设活动，因而主要的牵头和引领作用仍然落在了各高校的思政课教师队伍之上。如果湖北省各高校思政课教师队伍在大中小学思政课教师队伍共同体中引领力发挥不足的话，将直接影响整个湖北省大中小学思政课一体化建设工程，也会对中小学思政课教师队伍在探索一体化建设方面的向心力和积极性产生直接影响。

（二）专业素养有待进一步加强

任何教育教学活动都需要优秀的师资力量来保证活动质量。大中小学思政课一体化建设工程更是如此，各学段思政课教师的专业素养是一体化建设的基础要素和根本保障。在推进大中小学思政课一体化建设进程中，各学段的思政课教师都需遵循一体化建设标准，不断提升专业化水平，打造过硬的专业化素养，以便顺利、高效地实现一体化建设。

但由于当前湖北省各高校对于大中小学思政课一体化建设还处于较为初期的探索阶段，根据实际调研情况，各高校思政课教师的专业素养还有待进一步加强。各高校思政课教师在专业素养方面需要加强的地方主要包括两个方面：一是大学阶段思政课教育教学本身的专业素养。高校思政课教师队伍中各个教师的专业素养参差不齐，这对于开展好大学阶段思政课来说既是必要条件，也是引领好大中小学思政课一体化建设的基本要素；二是关于大中小学思政课一体化建设的专业素养。各高校思政课教师必须牢牢掌握这方面的专业素养，才能够更好地引领一体化建设。具体而言，各高校思政课教师的专业素养有待在三个方面进一步提升。一是政治素养，主要表现为高校思政课教师的理论根基、政治信仰和政治定力；二是情怀素养，主要表现为"传播知识、传播思想、传播真理，塑造灵魂、塑造生命、塑造新人"这一时代重任；三是教学专业技能，主要表现为思政课教师的教学、研究、宣讲、管理等方面的能力。综上所述，高校思政课教师的专业素养需要进一步提升，在专业化、时代化和个性化方面亟需给予重点关注和开展对应的改进、提升工作。

第八章 进一步加强湖北高校推进 "大思政课" 建设的对策建议

第一节 深化筑牢大课堂阵地

一、突出关键地位，加强组织领导

在百年未有之大变局和中华民族伟大复兴战略全局的历史性交汇时刻，思想政治教育工作的开展本来就面临着更多的风险和挑战。同时，"大思政课"建设作为新时代高校思政课改革的一项长期而又影响全局的工作，对思政课各个方面的建设都提出了崭新的要求。因此，我们必须始终坚持党的领导，常观大势、常思大局，做好统筹规划，凝聚社会各方面的力量。通过站在战略全局的高度审视存在的问题，并采取相应的行动举措，以回应时代的呼声，拓展"大思政课"的育人格局，推动"大思政课"建设行稳致远。

习近平总书记指出："办好中国的事情，关键在党。各级党委要把思政课建设摆上重要议程，抓住制约思政课建设的突出问题，在工作格局、队伍建设、支撑保障等方面采取有效措施。"① 坚持党对"大思政课"的组织领导是推动高校"大思政课"建设的强有力的政治保障。立足于新发展阶段的要求，增强党的全面领导，贯彻落实高校立德树人的根本任务，充分发挥党把方向、谋大局、定政策、促改革的能力。各级党政领导部门要明确"大思政课"的重要地位，加强顶层设计，积极出台引导"大思政课"建设的相关政策和指导性文件。统筹社会各方面的育人资源，为思政课建设提供师资力量队伍，打破孤军奋战的困境；搭建起学校与社会之间的沟通交流平台，推动课堂小思政走向社会课堂大思政；破除既有的考核体系，推动激励体制的构建，积极探索改革新举措，及时解决在改革过程中产生的新问题，为"大思政课"建设提供根本的体制保障。

学校党委积极贯彻落实党中央的政策措施。高校党委应将"大思政课"建设的主导权牢牢掌握在自己手中，将其作为优先发展的战略地位。在贯彻落实教育部《工作方案》的基础上，按照《高等学校思想政治理论课建设标准》的要求，在党委的统一领导下建立学校各部门分工负责的课程管理体制，因地制宜，制定学校推动"大思政课"建设的具体政策。一方面，要对学工部、团委等党团活动部门进行组织协调，共同商定思想政治教育活动，并联合党委宣传部门进行校内活动宣传，扩大思想政治教育工作的实际影响力。另一方面，结合高校自身发展的实际状况，将各个学院整合起来，商定师资队伍的建设、教学方法的调整、实践教学的开展、评价体系的构成等，有效避免高校大思政教育的碎片化，引导学校各个部门各司其职，将"大思政课"建设提升到新的水平，切实推动习近平新时代中国特色社会主义思想融入"大思政课"的教学过程中。同时，基层党员也要在党的带领下率先垂范，充分发挥模范带头作用，在工作中积极落实党的政策和主张。学校党委要立足于"为党育人，为国育才"的战略高度，确立社会主义办学方向，以立德树人

---

① 习近平. 思政课是落实立德树人根本任务的关键课程 [M]. 北京：人民出版社，2020：24.

为核心进行所有学科、专业、课程的总体设置和实施，在人才培养的全过程中始终强调思想政治教育，确保高校始终是培养德智体美劳全面发展的社会主义事业建设者和接班人的坚强阵地。

二、注重专兼结合，打造过硬师资

青少年阶段是人生的"拔节孕穗期"，三观尚未完全形成，一直生活在"象牙塔"之中，缺乏社会阅历，难以辨别纷繁复杂的社会现象，易受外部世界的影响。因此，在这样的关键时期有一位品德高尚、基础理论知识扎实、理想信念坚定的教师能够给予学生持续正向引导是十分必要的。习近平总书记明确提出了："要配齐建强思政课专职教师队伍，建设专职为主、专兼结合、数量充足、素质优良的思政课教师队伍。"[①] 因此，我们不仅要强调专职教师在开展思政课教学中的关键作用，还要注重引入兼职教师资源，实现全方位、全过程、全领域的覆盖，打造过硬的师资力量。

充分发挥专职思政课教师在"大思政课"建设的主要作用。 习近平总书记指出："办好思想政治理论课关键在教师，关键在发挥教师的积极性、主动性、创造性。"[②] 思政课教师在"大思政课"教学中起到了至关重要的作用，他们是最直接的组织者和管理者，是办好思政课的关键所在。因此，我们必须注重对专职思政教师队伍的培养，加强队伍建设。首先，思政课教师要树立坚定的理想信念，让真正有信仰的人讲思政课。习近平总书记曾指出："传道者自己首先要明道、信道。"[③] 对于思政课教师而言，要想引导大学生扣好人生的第一粒扣子，思政课教师自身必须树立对马克

---

① 中央宣传部（国务院新闻办公室）、中央党史和文献研究院、中国外文局. 习近平谈治国理政（第三卷）［M］. 北京：外文出版社，2020：331.

② 习近平. 思政课是落实立德树人根本任务的关键课程［J］. 求是，2020（17）：8.

③ 中央宣传部（国务院新闻办公室）、中央党史和文献研究院、中国外文局. 习近平谈治国理政（第二卷）［M］. 北京：外文出版社，2017：379.

思主义的理想信念，如果连思政课教师自己对所行道路都有所怀疑，课堂教学就会难以推进。因此，思政课教师要具备坚定的马克思主义和社会主义道路的理想信念，深怀爱国情怀，用自己所思、所想、所行对学生产生潜移默化的影响，在纷繁复杂的社会环境中保持清醒的头脑，自觉做马克思主义理论忠实的传播者。其次，打铁还需自身硬，作为一名专职思政课教师，应当勤练内功，提升自己的专业素养。认真研读教材，将课本知识内容吃透，在此基础上以身边的感人事迹、自身丰富的人生阅历，对课堂知识内容进行适当的延展，用自身渊博的知识帮助学生答疑解惑，用自身高尚的品行感染学生，以积极向上的人格力量引领学生向上发展，用彻底的思想政治理论来说服学生，进而达到启智润心、激发斗志之功效。

着重发挥专业课教师在"大思政课"建设中的重要作用。在高校中，学生的大部分课程安排都是专业课教学，大部分时间用于专业课知识的学习，如果专业课教师只注重专业知识，而忽视其中的思政要素，可能会影响思政课的教学效果。因此，我们要高度重视专业课教师队伍的建设，解决好专业课和思政课割裂的问题，彰显思政课的价值和魅力，构筑思政课的价值防线。专业课教师应以马克思主义为指导开展教学活动，教学既要合乎专业课教学的内在规律，也要深入挖掘背后蕴藏的思政元素，整合专业课教学中具有代表性的德育素材，增强专业课的价值张力，实现专业素养提升和价值引领的同步推进，实现"全员育人、全过程育人、全方位育人"[1]，在学好专业课的同时，也提升学生的思想政治水平，形成推动"大思政课"建设的育人合力。

充分发挥辅导员在"大思政课"建设中的骨干作用。作为专职的思想政治工作者，辅导员虽然没有直接负责思想政治教育工作，但他们通过党课、团课、主题班会等多种形式的实践活动，对学生的价值观进行了直接

---

① 中央宣传部（国务院新闻办公室）、中央党史和文献研究院、中国外文局. 习近平谈治国理政（第二卷）［M］. 北京：外文出版社，2017：376.

或间接的塑造和影响，是学生思想政治方向的引领者。高校辅导员应准确把握自身定位，回应新时代大学生复杂多变的精神需求，将课堂教学和日常教学联系起来，将思想政治教育与专业课知识学习、解决实际问题、心理疏导、就业辅导等有机融合起来，注重满足学生的现实需求，为学生提供不同阶段的帮扶。

校外思政教师队伍为"大思政课"的开展提供有益补充。校外思政课教师队伍来源广泛，既可以是党政 领导、科学家、先进模范等，也可以是有丰富思想政治工作经验的企业技术或管理人员、高校科研院所的专业技术人员，还可以是根据实际需要确定的其他人员，如实践教学基地的工作人员等。他们不仅是思政课教学的榜样和素材，也是习近平新时代中国特色社会主义的重要传播者和实践者，聘请他们作为兼职思政课老师，走进思政课堂，用自身的实际经历来感染学生，构建专兼职结合的师资队伍。

三、着力一体推进，完善课程体系

思政课程是落实立德树人的关键课程。在学校思政课教师座谈会上，习近平总书记指出，"学校思想政治工作不是单纯一条线的工作，而应该是全方位的""要完善课程体系，解决好各类课程和思政课相互配合的问题"[①]，从而将思政课的建设范围扩展到其他学科领域，扩展了思政课的课程建设范围。在高校课程体系建设中，思政课不再孤立开展，而是围绕立德树人的根本任务，引入多方力量参与，思政课程和课程思政同向而行，推动隐性课程和显性课程相结合，逐步形成完善的课程体系。

推动思政课程和课程思政同向而行。首先，我们要打造以"习近平新时代中国特色社会主义思想概论"为核心的课程群。将党的最新理论成果

---

① 习近平. 思政课是落实立德树人根本任务的关键课程［M］. 北京：人民出版社，2020：27.

与各项具体的思政课程相结合，充分发挥思政课在价值引领方面的核心作用。因此，在当前和今后一段时期内，高校"大思政课"的主要任务就是用习近平新时代中国特色社会主义思想来武装头脑，并及时将马克思主义中国化的最新理论成果融入教科书和课堂教学，使青年学生切实掌握马克思主义立场、观点和方法，增强对党和国家的认同感，进而增强"四个意识"、坚定"四个自信"、做到"两个维护"。其次，人文社会科学课程和自然科学课程也应坚持正确的政治方向，强调价值引领，对专业课教学的道德教育内容和要素进行深入挖掘。人文社会科学课程本身与思想政治教育课有着密切的联系，可以陶冶学生的家国情怀、勇担社会责任，将个人理想融入社会理想之中，进而增强学生的理论水平和政治高度。自然科学课程传授自然知识，培养敬党爱国的实用型人才，科学家们为汲取知识而执着探索的精神、为追求真理而无私奉献的精神，也对于培养有理想、有道德、有文化、有纪律的新时代青年具有重要的思想政治教育功能。因此，通过建设以思想政治教育课为主导的课程体系，推动各类学科融会贯通，让思政课程和课程思政同向而行，充分发挥不同学科应有的育人功能。

显性课程和隐性课程相结合。显性课程和隐性课程都是思想政治教育开展的不同形式，前者以课堂教学为主阵地，强调理论知识的学习，后者则通过更加丰富的形式，达到润物细无声的效果，潜移默化地影响着学生的思维观念，两种形式相辅相成、相互补充。一方面，我们要有理有据地办好思政课，站稳政治立场，突出思想政治教育的主导地位，达到惊涛拍岸的声势。另一方面，我们要充分发挥课程思政、校园文化、社会实践等隐性教育的作用，达成润物细无声的效果。营造良好的校园新环境，从学校自身特点出发，举办丰富多彩的文艺活动，注重学校的校园舆论宣传工作，树立良好的校风，引导学生在了解学校发展历史的过程中培养爱学校、爱祖国的集体情感，拓宽视野，自觉将所学的理论知识用于报国之行，争做新时代的奋进者。同时，我们也要用好丰富的社会实践资源，利用实践基地来开展"大思政课"的教学活动，让学生在实践中感受到革命文化、社会主义先进文化的强大力量，增强对书本知识的感悟，通过中国取得的发展奇迹中坚定对社会主义事业的理想和信念，无声之中受到了灵魂的熏陶。通过显性课程和隐性课程相结合，引导当代大学生树立正确的理想信念，为更好地实现中华民族的伟大复兴而奋斗。

第二节　积极搭建大资源平台

一、巩固思政小课堂，深化主渠道教学改革

2016年12月，习近平总书记在全国高校思想政治工作会议上强调："要用好课堂教学这个主渠道，思想政治理论课要坚持在改进中加强，提升思想政治教育亲和力和针对性，满足学生成长发展需求和期待。"[①]学生获取知识和受教育的途径虽然很多，但是课堂教学更具有基础性和系统性，思政课程在培养什么样的人、如何培养人、为谁培养人的问题上发挥着主渠道作用。因此，我们要巩固思政小课堂，通过一系列的方式深化主渠道的教学改革，吸引学生的兴趣。

丰富教学内容，融入鲜活素材。随着互联网信息技术的飞速发展，大学生可以从更丰富的信息来源中获取知识，获取速度也更加迅速，而教材具有滞后性，教学内容的更新难以同频，冲击了学生从教材中获取知识和正确引导的可能性。因此，思政课教师应主动改变教学内容，将鲜活的现实素材、时政热点与理论相结合，通过改变教学素材的方式推动教学内容的改革，改变教学素材过时的现状，提高大学生的抬头率、参与率，以便更好地实现思政课的育人功能。习近平总书记指出："'大思政课'我们

---

① 中央宣传部（国务院新闻办公室）、中央党史和文献研究院、中国外文局. 习近平谈治国理政（第二卷）［M］. 北京：外文出版社，2017：378.

要善用之，一定要跟现实结合起来。上思政课不能拿着文件宣读，没有生命、干巴巴的。"①思政课应统筹多种丰富的教学素材，从案例中汲取丰富的时代精神，成为生动活泼、富有生命力、深受学生喜爱的课程。例如，以抗击疫情中的优秀事迹为例，利用这次抗击新冠疫情中不断涌现的无私奉献的感人事迹和所形成的伟大抗疫精神，不断向大学生持续传输正能量；以取得的脱贫攻坚伟大成果为例，以真实数据表明脱贫攻坚取得的卓越成绩，用脱贫过程中舍小家为大家的先进模范人物的事例来感染大学生；从建党百年的历史长河中走来，华夏大地上孕育的伟人精神和英雄事迹代代相传，潜移默化地改变着青少年的思想观念。从这些具体实践中，使抽象的理论和鲜活的实践相结合，提升思政课的育人效果，引导青年学生深刻理解共产党人的初心和使命，并将个人理想与国家理想相结合，争做新时代的奋斗者。

创新思政课的教学方法，突出学生的主体地位。长期以来，高校思政课采用自上而下的灌输式教育方法，未能考虑到学生的多元价值需求。课堂教学往往缺乏足够的互动和交流，难以引起学生的兴趣和共鸣，从而导致课堂死气沉沉、缺乏活力，难以达到预期的教学效果。思政课教学本来就不是单向的知识传授活动，而是通过课堂知识的学习，进而提高学生的思想素质，自觉做社会主义建设者和接班人。所以，教师在教室里讲授知识只是其中的一方面，最重要的还是要看学生的接受程度。习近平总书记也曾经表明，讲好思政课要注重方式方法，把道理讲深、讲透、讲活。因此，我们应积极推动教学方式的创新和变革，注重学生在教学过程中的主体地位，主动倾听学生的价值诉求，顺应青年学生的兴趣爱好，将枯燥的理论知识转化为更加通俗易懂的实践形式。结合时代特征，采取情景展示、课题研讨、辩论、社会调研等学生喜闻乐见的方式，吸引学生的兴趣，提

---

① "'大思政课'我们要善用之"（微镜头·习近平总书记两会"下团组"·两会现场观察）[N]．人民日报，2021-03-07（1）．

升高校思政课的吸引力和感染力。

实施多元化考核方式，提高学生的素质与能力。教师要想取得良好的教学效果，必然离不开科学合理的考核方式。探索多元化的考核方式，强化过程评估，培养学生的自主学习能力，关注学生在日常学习过程中的态度和学习效果。在大学中，仍有许多教师和学生仍停留在旧有思维，只注重最终的分数高低，而忽视了在课堂过程中的学习收获，使得"大思政课"的教学效果仍然停留在表面。因此，考核评审应改变唯分数论的应试模式，注重学习过程，采取更加丰富的考核形式，如论文、读书笔记、调研报告等，调动学生的积极性和主动性。在课堂上展现自身的学习成果，让学生真正参与到课堂中，以获得更好的教学效果，确保教学内容入眼、入脑、入心。通过多元化的考核方式，提升学生的理论修养，以及运用马克思主义理论解决现实问题的能力。

二、善用社会大课堂，稳步推进实践教学

"大思政课"从更加宽广的视角拓展思政课的格局，强化思政课与实践的联系，必须丰富思政课的实践教学方式和方法。

建立"大思政课"研学基地。为加快构建"大思政课"的工作格局，着力打造服务"大思政课"实践教学的优质平台，必须坚持建设"大思政课"研学基地。各级各类高校必须坚持构建党委统一领导下，以马克思主义学院为主体，其他有关部门协调配合的"大思政课"研学工作体系，并将其纳入学校思政课评价体系。积极整合"大思政课"研学基地的各类资源，打造思政辅导员、思政课专任教师、研学基地负责人共同参与"大思政课"研学基地建设的新模式。同时，要建立学校"大思政课"课堂与研学基地的双向互动机制，不仅在课堂上进行"大思政课"的教学，更要在研学基地开展实践教学，让理论在实践中得到生动具体的展开。建设"大思政课"

研学基地，高校党委以及相关职能部门必须给予高度重视，优化相关基础设施，配齐配全相关教师队伍，建立健全相关安全保障机制，并为马克思主义学院建设"大思政课"研学基地调拨专项经费。建设"大思政课"研学基地必须坚持"优势互补、资源共享、互惠共赢、共同发展"的原则，通过"大思政课"研学基地的建设丰富思政课改革创新发展的路径，开拓新的教育领域，并推动高校思想政治教育工作再上新台阶。各高校要结合实际，积极建设"大思政课"实践教学基地，主动对接各级各类实践教学基地，开发现场教学专题，开展实践教学。有条件的学校可与有关基地建立长效合作机制，加强研究和资源开发。各基地要积极创造条件，与各地教育部门、学校建立有效工作机制，协同完成实践教学任务。高校要通过"大思政课"研学基地，将理论与实践相结合，将历史与现实相结合，将学术与热点相结合，借助"大思政课"研学基地制作多样化、生动鲜活的案例，将思政课课堂内容讲深、讲实、讲活，调动学生参与课堂建设的积极性和主动性，激发学生学习探索的自觉性和自主性。"大思政课"需要借助研学基地整合思政课教学资源，构建完整的"大思政课"授课体系、框架，加强各类思政课的双向互动，加强学院和教师、教师和学生之间的双向互动，建立"大思政课"一体化讲学体系，实现"大思政课"讲授、学习、实践的环环相扣和递次推进。

建立思政课教师实践研修基地。"办好思想政治理论课关键在教师，关键在发挥教师的积极性、主动性、创造性。"[①] 建设"大思政课"，首先在于选拔政治过硬、专业素质高的思政课教师。提高思政课教师的专业素养，重要一环就是不断加强思政课教师的实践研修。湖北省历史文化悠久，既拥有丰富的优秀传统文化资源，包括历史文化资源和红色文化资源等，又拥有强大的科技产业基地。这为思政课教师的实践研修提供了重要基地。推进"大思政课"建设，必须建立思政课教师实践研修基地，高度

---

① 习近平. 思政课是落实立德树人根本任务的关键课程［J］. 求是，2020（17）：8.

重视思政课教师的培训，经常性连续性举办思想政治教育骨干研修班，组织学校全体思想政治理论课教师分赴各地参加实践研修。实践研修基地主要承担思政课教师实践研修培训任务，提高教师理论联系实际的能力，引导教师研究、传承和弘扬中华优秀传统文化和时代精神，深入了解坚持和发展中国特色社会主义的生动实践，帮助思政课教师深化对当前世情、国情和党情的认识、深化对党的创新理论的理解、丰富思政课的教学案例。建设"大思政课"，必须建立健全思政课教师实践研修基地，充分利用实践研修基地，强化师德师风建设，提高思政课教师教书育人能力。思政课教师实践研修基地是高校思政课教师队伍建设的题中应有之义。思政课教师实践研修基地，为"大思政课"教师读原著、学原文、悟原理，系统学习马克思主义的科学内涵、精神实质、基本立场、观点和方法，完整把握马克思主义的整体架构和逻辑脉络，深入学习习近平新时代中国特色社会主义思想的核心要义、丰富内涵和实践要求，全面系统学理论、及时跟进学思想、深入思考学原理、联系实际学方法提供了平台，能够最有效地推进马克思主义中国化时代化最新理论成果进教材、进课堂、进头脑。推进"大思政课"建设，要通过思政课教师实践研修基地开展思政课教师交流互动，组织思政课教师通过实践研修基地开展教学沟通，相互交流意见，进行批评和自我批评，查缺补漏；邀请知名专家学者通过实践研修基地进行教学示范、答疑解惑，以此提高思政课教师的实际教学能力。

充分发挥"第二课堂"的作用。推进"大思政课"建设，要将"第二课堂"作为立德树人的重要阵地，积极开办具有各学校特点和各学科特色的第二课堂，不断拓宽学生的学术视野。为了不断创新大学生思想政治教育工作，应构建"行走的思政课"大思政课程，组建师生社会实践队伍开展寒暑假社会实践活动。每年寒暑假，各高校应组织百余名师生参与社会实践，鼓励他们行走祖国大地，调研经济社会事业发展，深入乡村支教考察，了解民生状况。高校要紧扣思政课实践教学的目标和要求，利用志愿服务、理论宣讲、社会调研等实践活动，开展实践教学。同时，注重总结实践教学的成果，将其作为课堂教学的有效补充，支持出版高校思政课实践教学成果，推动实践教学规范化。在校内，学校应建立相应的激励机制，在课时认定、职称评定、职级晋升等方面激励广大教职工参与和支持第二课堂的建设，形成课程、教材、人员三位一体的质量保障体系，充分调动教师、党政干部、辅导员、班主任、管理服务人员等育人主体的积极性。在校外，要积极争取社会资源的支持和参与第二课堂建设，密切与党政部门、社会组织、公共服务机构等开展协同育人，拓展育人平台，共同为学生的成长和发展提供服务。充分发挥"第二课堂"对建设"大思政课"的辅助作用，重要的一环就是建立科学合理的"第二课堂"评价体系。高校的思政课建设必须建立完备的"第二课堂"成绩记录体系和效果评估体系，形成完整的"第二课堂"成效考评体系。另外，必须做到第一课堂和"第二课堂"统筹兼顾，不能顾此失彼。一方面，植根于专业特色，为高校教育建立指向性培养方案，在教育活动过程中最大限度地发挥专业特色。学生最重要的任务就是学习，教师应该为学生构建完善的学科学习方案，细化落实到每个学习环节，包括讲解专业课程、布置作业、阶段考试、毕业设计及论文答辩等。设计第二课堂应该深化第一课堂讲解的知识内容，在制定第一课堂培养方案的同时，也要做好第二课堂的顶层设计，促使学生能够在第二课堂上真正提升能力和拓展思维。另一方面，架构沟通桥梁，专业课教师、实践导师及学工队伍三者之间应该保证相互之间能良好沟通，进一步凸显第一课堂理论知识教育的作用，借助学科实践达到知行合一的教育目的。第二课堂以实践为主，促进三方面关系相互融合，需要学校以制度化要求专业教师和实践导师开展第二课堂的指导工作，与学工队伍相互做好对接，调动学生参与第二课堂的热情与能动性。

积极创新"高校+"共建模式。所谓"高校+"共建模式，是指高校与企业开展资源整合优势互补的技术性合作。推进"大思政课"建设，要组织开展多样化的实践教学，离不开企业的支持。对于"大思政课"建设而言，主要是开展马克思主义学院与企业之间的"院企"共建合作。各高校的马克思主义学院应主动开展"院企"共建，在党建互助、乡村振兴、学术宣传和人才培养等多方面深化与社会企业的合作，与企业、科研院所、地方政府等共建"大思政课"，积极创新共建模式。"大思政课"建设要主动对接产业转型发展和区域经济社会需求，以强化学生职业胜任力和持续发展能力为目标，以提高学生实践和创新能力为重点，深化产教深度融合、校企合作，创新人才培养方案、课程体系、方式方法和保障机制等。推进"引企入教"，促进课程内容与技术发展衔接，教学过程与生产过程对接，人才培养与产业需求融合。协调推进多主体之间的开放合作，整合多主体创新要素和资源，凝练产教深度融合、多方协同育人的应用型人才培养模式。以"院企"合作为抓手，打造实习实训基地，创新多主体间的合作模式，构建基于产业发展和创新需求的实践教学和实训实习环境，构建功能集约、开放共享、高效运行的专业类或跨专业类实践教学平台。同时，高校和企业要整合双方资源，联合建设"大思政课"的实践教学和研究基地，建设一批高质量的校企合作课程、教材和案例集，推动理论和实践深入融合融通。

打造"大思政课"研究文库。为了从更加宽广的视角拓展思政课格局，总结"大思政课"建设的理论和实践经验，创新提出打造"大思政课"研究文库的需求。这个文库将包括："大思政课"建设规律与实践理路研究专著、"大思政课"创新理论主题案例论丛、"大思政课"育人格局构建方面的价值、问题、对策（论文集）等多样化内容。"大思政课"建设作为中国特色社会主义思想文化教育的重要内容，其建设过程同我国推进中国特色社会主义发展的实践密切相关。社会在发展，实践在变化，决定了"大思政课"建设的理论和经验也需要不断变革和进步。因此，"大思政课"建设必须以社会需求为导向，立足于中国特色社会主义发展的现实，及时总结理论和实践经验，推动"大思政课"建设的理论、内容和经验与时俱进，打造"大思政课"研究文库是推进"大思政课"建设的必然要求。打造"大思政课"研究文库必须具备宽广的视野和视角，需要集中专门资金，并利用专门技术创建以"大思政课"为内容的专著、案例和论文等理论文库，汇集汇总"大思政课"相关内容，形成"大思政课"建设的专门文库，实现湖北地区各高校"大思政课"建设资源的优势互补，为"大思政课"建设的与时俱进提供理论和经验遵循，拓展"大思政课"建设的格局。

三、依托网络新媒体，打造教学资源库

"大思政课"是新时代社会主义教育事业的基础，有利于推进教育事业现代化，必须充分利用新技术、新手段，建设"大思政课"教学资源库。

加强"大思政课"网络教学平台建设。 "大思政课"网络教学平台是实现思政课资源共享和提升思政课教学资源质量的重要依托。推进"大思政课"建设，必须充分依托互联网，打造稳定可靠的网络教学平台，促进"大思政课"资源共享、渠道互补，确保"大思政课"覆盖全体学生。"大思政课"建设需要借助互联网赋能思政课堂，丰富"大思政课"教学内容、创新"大思政课"育人方式、完善"大思政课"教学评价体系，推动"大思政课"建设高质量内涵式发展。以互联网为依托，以"大思政课"建设为主体，各高校合作共建"大思政课"网络教学平台，是提升"大思政课"建设水平的客观要求。加强"大思政课"网络教学平台建设，需要由省级"大思政课"主管部门牵头，合理规划、协调推进，各高校要统一认识，各高校在开发思政课优质教学资源的过程中要相互借鉴、取长补短，特别是理工科高校、高职大专院校通过合作开发来提高本校思政课教学水平。各高校应统筹协调，制定相关政策，保障专项经费，设立专业管理人员以实现平台管理的不断优化。各高校还必须积极探索合理有效的共享机制及奖励机制，评优选优、职称评聘时平台的形成性评价可列为重要的参考项，调动平台建设者与维护者工作的积极性，实现共享平台建设的良性循环。"大思政课"网络教学平台建设涉及资金、技术、人才等多个方面的资源，仅凭某一个高校是很难实现的。同样地，仅依靠高校建设"大思政课"网

络教学平台,难免存在片面性、周期长的问题。这就需要湖北省最高一级教育主管单位协调各方,不仅把省内各个高校联系起来,而且要把科研院所、企业、研究基地、博物馆等单位串联起来,形成以教师资源、学生资源和其他资源为基本内容的"大思政课"网络教学平台建设的强大合力,打造内容丰富、结构合理、系统全面的"大思政课"网络教学平台,厚植"大思政课"建设的一体化价值。

形成"大思政课"数字化教学资源包。新时代"大思政课"建设离不开数字资源的加持,这是由新时代思政课教学和学习的时间性和空间性决定的。相对于传统的思政课,新时代的"大思政课"打破了原先的时间和空间的限制,尤其是打破了各个高校以我为主的思维定式,实现了思政课教学资源的共享和互补。因此,新时代"大思政课"建设必须充分利用数字技术,依靠数字技术打造"大思政课"教学资源包。数字技术条件下的"大思政课"教学资源包,既包括"大思政课"教学和学习的硬件设施,也包括"大思政课"教学和学习的软件设施。所谓"大思政课"教学和学习的硬件设施,是指"大思政课"建设中的基础设备,包括教学投影仪、教学录播设备、录音笔等,是"大思政课"建设的先行条件。所谓"大思政课"教学和学习的软件设施,是指"大思政课"建设所需要的PPT、教材、教案、课程题库、试卷库等优质教学素材,是"大思政课"建设的发展条件。"大思政课"建设的软件设施,尤其需要依靠数字技术,对于数字技术有着明显的强烈的依赖性。"大思政课"因其授课的广泛性和政治性而不同于其他课程,这就需要在"大思政课"建设过程中打造专业化特殊性的数字化教学资源包,按照"大思政课"建设的发展规律,充分利用现阶段的所有技术条件,打通湖北省各地区、各高校"大思政课"教学的融通融合,形成具有湖北地区特色、适合湖北地区高校"大思政课"教学的独特数字化教学资源包。各高校要以数字化资源包建设为机遇,推动"大思政课"教学模式的更新,形成线上线下、课前课后讲授和学习的全面贯通,利用数字化资源包为教师和学生提供不限地域、不限时间的流动性"大思政课"

课堂，丰富"大思政课"教师教学手段和教学方法，创新"大思政课"学生学习和考核的体系。"大思政课"要利用数字化资源包，借助信息化手段将教学资源整理加工，形成数字化教学资源，以方便"大思政课"教学资源的共享共建，方便老中青"大思政课"教师之间的交流借鉴，为优秀"大思政课"教师提供"传、帮、带"机会，避免因为"大思政课"师资力量不足影响"大思政课"建设的总体效果。

建设高质量的"大思政课"在线学习平台。 从现有的思政课教学成果来看，我国非常重视在线学习平台的建设。以大学慕课为主体的在线学习平台，起步早、内容丰富，自 2013 年开始，因其具有"远程参与度""共享性""学习者数量"等优势，我国高等教育开始拥抱慕课大潮，以此促进教育公平与质量提升，于 2018 年启动的一流本科课程"双万计划"更是进一步推动了慕课在高校课程建设中的应用。可以说，我国在线学习平台建设已经具备一定的基础和经验。对于"大思政课"的建设来说，必须建立自己独特的在线学习平台。尽管"大思政课"的整体教学目标没有变化，但是具体到每一个目标的细化层面，其内容是与时俱进，跟随时代发展变化而不断变化的。尤其是新时代以来，信息技术、网络技术快速普及，"大思政课"授课和学习的地域限制、时间限制被打破，混合教学、虚拟仿真在线学习平台被越来越多的师生接受和使用，有利于促进优质"大思政课"教学资源普及化、大众化。"大思政课"建设必须建立以数字化课程为基本内容的在线学习平台。各高校应投入大量资金，引进信息技术专业人才，研究、开发具有本校特色的在线教学平台，完善平台功能设计、优化平台页面布局、简化操作程序、提升在线教学平台质量。同时，在线学习平台管理人员要及时深入了解"大思政课"教师和学生的在线教学和学习需求，提升在线学习平台信息反馈功能，增强在线学习平台交互功能，增强"大思政课"在线学习有效性，从而提高"大思政课"在线学习效率。湖北地区的在线学习平台建设，一方面要坚持因地制宜，以湖北高校"大思政课"建设需求为导向，填充湖北地区高校"大思政课"教学基本内容，形成有别于其他地区思政课在线学习平台的湖北特色。另一方面，湖北"大思政课"在线学习平台建设要对接国家教育大资源平台建设，以教育部大资源平台为参考，将教育部大资源平台"大思政课"内容引入湖北"大思政课"在线学习平台，对接教育部牵头的案例库、素材库、在线示范课程库建设，实现"大思政课"教学资源的互补，从而推动湖北"大思政课"在线学习平台既面向湖北高校，又走向全国，形成全国效应。

充分收集和利用"大思政课"教学数据。"大思政课"建设要想依托网络新媒体，打造教学资源库，必须充分收集和利用"大思政课"的教学数据。"数据资源的发展扩展了相应的社会氛围和秩序空间，信息、知识的供给和源源不断地充实，客观上为当代数字化生活提供了现实的文化积累。"① "大思政课"教学数据反映了"大思政课"教学的效果、效率和效能，通过分析"大思政课"教学数据，可以清楚地了解"大思政课"教学的基本情况，为针对性、精准化开展"大思政课"教学改革提供参考。"大思政课"教学数据，包括教师备课授课基本数据、学生学习和参与数据、思政课程评价数据、地区高校思政课合作数据等。"大思政课"建设充分收集和利用教学数据，要求思政课教师在工作中要更加注重数据的全面性和整体性，从整体出发把握事物之间存在的关联性，从而分析受教育者思想动态的整体特征，善于通过大数据开展"大思政课"教学，通过教学数据分析学生的任务完成率、课堂参与度等情况，掌握其学习情况和兴趣所在，探索相关信息，以此为依据制定相关的教学计划。"构建高校全员共建、共享、共益的思想政治工作平台是大数据时代开展思想政治教育的题中之义。"② 推进"大思政课"建设，必须实现湖北地区高校"大思政课"教学数据的共建共享，打通各学院、各部门及个人之间的数据壁垒，形成

---

① 罗凯伦.大数据驱动高校思政课教学研究［J］.淮南职业技术学院学报，2023，23（1）：32-34.

② 张策，张耀元.大数据助力高校网络思想政治教育：价值、困境及其破解［J］.教育理论与实践，2020，40（33）：28-32.

高效率、精准化、精细化的"大思政课"教学数据平台。当然，"大思政课"教学数据需要一定的安全保障。首先，要防止"大思政课"教学数据被盗取，各高校要在政府教育主管部门领导下协作建立数据防火墙，发挥信息技术人员的作用建立安全可靠数据保障机制，完善"大思政课"教学数据安全管理保障机制，加强对"大思政课"教学数据的安全管理，形成"大思政课"教学数据收集和使用过程中的规范化机制。其次，要防止私有化现象的发生。湖北地区的"大思政课"教学数据由省内各高校共建共享，不是某一个人、某些人的成果，坚决避免私有化现象发生，实行奖惩机制以鼓励各高校及时补充和完善"大思政课"教学数据。

第三节　持续拓展工作大格局

一、强化马克思主义理论学科引领作用

马克思主义是我国意识形态领域的根本指导思想，"我们对马克思主义理论学科功能的认识比以往更加清楚、更加全面，对坚守学科建设的方向更为自觉、更为自信"[①]。在推进"大思政课"建设的过程中，必须强化马克思主义理论学科的引领作用。

牢牢把握马克思主义在意识形态领域的根本指导地位。习近平总书记指出："坚持以马克思主义为指导，是当代中国哲学社会科学区别于其他哲学社会科学的根本标志，必须旗帜鲜明加以坚持。"[②]推进"大思政课"建设，必须坚持以马克思主义为指导，深入学习和贯彻马克思主义基本原理，我们要将马克思主义基本原理同中国具体实际相结合、同中华优秀传

---

① 顾海良. 加强马克思主义理论学科的"支撑"和"引领"作用［J］. 中国高等教育，2015，553（21）：7-10.

② 习近平. 在哲学社会科学工作座谈会上的讲话［N］. 人民日报，2016-05-19.

统文化相结合，将马克思主义贯穿到"大思政课"建设的各个方面，在马克思主义范围内开展"大思政课"建设工作。"大思政课"建设牢牢把握马克思主义在意识形态领域的根本指导地位，首先要增强高校全体师生对马克思主义的信仰，"思政课要解决学生理想信念问题。要让有信仰的人讲信仰。对马克思主义的信仰，对社会主义和共产主义的信念，只有首先在思政课教师心中扎下根，才能在学生心中开花结果"①。我们应经常性、持续性地开展马克思主义宣讲和学习活动，通过加强对马克思主义经典著作的学习，对马克思主义经典作家文本阅读、研究和阐释工作，强化高校师生对马克思主义信、懂、学、用。高校师生只有坚持马克思主义在意识形态领域的根本指导地位，才能具有深厚的理论自信；高校师生只有不断深入学习马克思主义基本原理，以"两个结合"为基础推动马克思主义更好融入"大思政课"建设，才能理直气壮讲好马克思主义。"大思政课"建设牢牢把握马克思主义在意识形态领域的根本指导地位，其次，必须努力引导学生掌握马克思主义的基本立场、观点、方法，学习和掌握马克思主义中国化时代化的理论成果，对马克思主义理论要做到学深悟透、学思结合、学以致用，自觉做到内化于心、外化于行，使其真正成为指导学生个人发展的行动指南。要建设好以马克思主义为指导的"大思政课"教师队伍，提高"大思政课"教师队伍的马克思主义理论素养，引导"大思政课"教师将马克思主义及其基本世界观方法论贯穿于"大思政课"建设全过程，做好马克思主义理论的研究和阐释，根据新的时代特点和时代要求将马克思主义同"大思政课"建设更好结合，不仅做好理论研究和阐释工作，更要把理论同实践相结合，回应社会重大关切，充分发挥马克思主义理论在"大思政课"建设中的意识形态指导作用。"大思政课"建设牢牢把握马克思主义在意识形态领域的根本指导地位，再次，必须推进"大思政课"与其他课程的融通融合。高校"大思政课"是整个高校学科和课程

---

① 习近平. 思政课是落实立德树人根本任务的关键课程 ［J］. 求是，2020（17）：10.

规划中的一部分，是"落实立德树人根本任务的关键课程"，无法代替全部学科和课程。正因为"思政课是落实立德树人根本任务的关键课程，思政课作用不可替代，思政课教师队伍责任重大"①，所以推进"大思政课"与其他课程的融通融合是高校教育的题中应有之义。要坚持以"大思政课"为抓手，统筹推进高校各学科深度融合，既以"大思政课"的马克思主义世界观方法论为其他学科和课程建设提供思想指引，又以其他学科和课程建设的思想意识问题为导向改进"大思政课"建设的方式方法，"发挥马克思主义学科在立德树人和解决重大理论问题上的导航作用，引领其他学科回应人民关切的重大理论与实践问题"②。

实施马克思主义理论研究和建设工程。强化马克思主义理论学科在推进"大思政课"建设进程中的引领作用，必须深入实施马克思主义理论研究和建设工程，以高校"大思政课"为理论平台，将党的纲领方针政策引入"大思政课"课堂，不断深化对党的基本理论、基本路线、基本方略的研究，深化对中国特色社会主义道路、理论、制度、文化的研究，为理论创新创造提供学理支撑，以党的创新理论武装头脑、指导实践、推动工作。坚持用中国理论阐释中国实践，用中国实践发展中国理论，不断增强理论解释力、话语说服力和实践推动力，以中国理论为指导，以中国实践为导向，建设具有中国特色的"大思政课"学科理论体系。同时，加快构建中国特色哲学社会科学，繁荣发展中国学术理论，努力建设以马克思主义为指导的学科体系、学术体系和话语体系，既要加强马克思主义理论学科群建设，也要推动本学科与哲学社会科学其他学科的协同发展，加强跨学科研究，培育学科新生长点。推动马克思主义中国化时代化最新成果进教材、进课堂、进头脑，使科学理论全面融入"大思政课"的教育教学之中。"办好思政课，就是要开展马克思主义理论教育，用新时代中国特色社会主义

---

① 习近平. 思政课是落实立德树人根本任务的关键课程［J］. 求是，2020（17）：4.

② 李定坤. 论地方高校马克思主义理论学科的建设与引领作用［J］. 湖南科技学院学报，2023，44（1）：106–109.

思想铸魂育人，引导学生增强中国特色社会主义道路自信、理论自信、制度自信、文化自信，厚植爱国主义情怀，把爱国情、强国志、报国行自觉融入坚持和发展中国特色社会主义、建设社会主义现代化强国、实现中华民族伟大复兴的奋斗之中。"[①] "大思政课"建设要坚持强烈的历史自觉和主动精神担当职责使命，坚定理论自信，加强理论武装，坚持不懈用习近平新时代中国特色社会主义思想凝心铸魂，为以中国式现代化全面推进中华民族伟大复兴提供学术支撑和智力支持。要把坚持马克思主义科学理论指导贯穿到哲学社会科学研究和教学各方面、各环节，坚持把马克思主义基本原理同中国具体实际相结合、同中华优秀传统文化相结合，深化马克思主义理论研究和建设，不断推进马克思主义中国化时代化。"大思政课"建设要深入实施马克思主义理论研究和建设工程，必须倡导积极健康的学风，倡导严谨求实的"大思政课"教学氛围，坐住马克思主义理论研究和建设的冷板凳，形成实施马克思主义理论研究和建设工程的高校"大思政课"特色。

坚持用好马克思主义理论研究和建设工程统编教材。深入实施马克思主义理论研究和建设工程，推进"大思政课"建设必须坚持使用马工程统编教材，鼓励湖北地区"大思政课"教师打破地域和学校的界限，协同合作，亲自编写"大思政课"教学案例，并依托马工程统编教材建设"大思政课"国家级精品资源课。现阶段来看，"大思政课"教材使用存在两种错误倾向，一是唯教材论，照本宣科，原封不动地重复教材上的内容，不能将教材内容同社会热点和社会实际相结合，认为"教材上有的必须全部讲，教材上没有的不能讲"。二是不够重视教材，认为教材只是参考，把根据教材讲"大思政课"看作是能力低、没本事的事情，随意剪裁教材内容。马工程统编教材是党的思想理论建设的基础工程，是为党育人、为国育才的铸魂工程，同时也是高校哲学社会科学教材建设的示范工程。"我们党历来高

---

① 习近平. 思政课是落实立德树人根本任务的关键课程 [J]. 求是，2020（17）：7.

度重视思政课建设。"① 在党的集中统一领导下，马工程统编教材顺应时代要求和"大思政课"建设需要，充分贯穿马克思主义的立场、观点和方法，形成了系统完备的科学教材体系，成为"大思政课"建设的重要依托。为了强化马克思主义理论学科在推进"大思政课"建设进程中的引领作用，必须用好、用实马工程统编教材，推动马工程统编教材与"大思政课"课堂深度融合。各高校应协同合作，在用好、用实马工程统编教材的基础上，共同编写适合湖北地区高校"大思政课"建设的案例，打造湖北"大思政课"建设示范课堂，推动政治、经济、法律等学科融入"大思政课"建设，集中编写系统完备的"大思政课"辅助读本，充实"大思政课"的基本内容，形成包括"大思政课"建设所需要的基础教材、专门教材和重点教材为内容的"大思政课"教材体系，发挥马工程统编教材的引领示范作用，并补充完善一批具有较强意识形态属性的"大思政课"辅助教材。湖北地区的重点马克思主义学院要发挥带头作用，围绕马工程统编教材开展地区内各高校"大思政课"建设教材研究和编写工作，推进教材体系和教学体系的高度融合，构建"大思政课"建设新形态教材体系。

发挥好马克思主义理论工作者的主体作用。马克思主义是我们立党立国的根本指导思想，其作用和意义十分重大，马克思主义理论工作者责任艰巨、使命神圣，发挥好马克思主义理论工作者的主体作用，是强化马克思主义理论学科在"大思政课"建设过程中引领作用的必然要求。发挥好马克思主义理论工作者在"大思政课"建设中的主体作用，要求马克思主义理论工作者坚定马克思主义信仰，不断提高自身的马克思主义理论水平，把学习和研究马克思主义作为日常事务来做。马克思主义理论宝库内容十分丰富，马克思主义经典作家留下的思想文化遗产十分丰富，马克思主义不断同中国具体实际相结合、同中华优秀传统文化相结合，形成了当代中国马克思主义、21 世纪马克思主义。这些都要求马克思主义理论工作者坚

---

① 习近平. 思政课是落实立德树人根本任务的关键课程［J］. 求是，2020（17）：4.

持不懈地研究和阐释马克思主义，尤其是马克思主义中国化时代化的最新理论成果，真正信仰、学会、弄懂、宣传马克思主义，持续不断提高自身马克思主义理论素养，善于用马克思主义理论说服和教育他人。推进"大思政课"建设，要建设一支高水平、高素质、专业化、职业化的马克思主义理论工作者队伍，结合实际研究和阐释马克思主义，用马克思主义中国化时代化的最新成果武装头脑、指导实践、推动工作，筑牢"大思政课"建设的坚实理想信念根基，勇于同错误思想作斗争，使"大思政课"真正成为马克思主义学习和宣传课程，保障"大思政课"的方向和性质不变色、不变味。发挥好马克思主义理论工作者在"大思政课"建设中的主体作用，要求马克思主义理论工作者坚守底线原则，秉持社会正能量，弘扬社会主义核心价值观。作为高校"大思政课"建设的重要力量，马克思主义理论工作者必须成为社会正能量和社会主义核心价值观的传播者，涵养马克思主义理论工作者的正气、勇气，以不信邪、不怕鬼、不怕压的精神意志，与"大思政课"建设中的错误思想倾向作斗争、与影响"大思政课"建设方向和性质的错误思潮作斗争。他们不仅应宣传马克思主义基本原理，还应结合时代要求阐释好马克思主义中国化时代化的最新成果，推动理论和实践更好地结合。发挥好马克思主义理论工作者在"大思政课"建设中的主体作用，要求马克思主义理论工作者坚持真理，坚守理想，勇于担当。"大思政课"是落实立德树人根本任务的关键课程，也是马克思主义研究课程，兼具社会性和学术性。这就要求马克思主义理论工作者在讲好"大思政课"的同时，做好马克思主义理论学术研究，落实习近平总书记"读马克思主义经典、悟马克思主义原理"的重要论述，以坚持真理、坚守理想、勇于担当的学术精神，深入开展马克思主义研究，并以理论指导实践，在实践中检验和发展真理。

二、深入推进大中小学思政课一体化建设

习近平总书记指出："鼓励各地高校积极开展与中小学思政课共建，共同推动大中小学思政课一体化建设。"① 统筹推进大中小学思政课一体化建设是推进高校"大思政课"建设内涵式发展的必然要求。

建设强有力的大中小学思政课一体化教师队伍。"大思政课"建设关键在教师。推动大中小学思政课一体化建设的首要条件就是保证思政课教学过程中各个学段教师力量的充足和完备。湖北地区各高校应严格按照师生比不低于 1 ∶ 350 的比例配备思政课教师，中学和小学要提高思政课教师质量，引进思政课教师专门人才，培养大中小学专职思政课教师。同时，要持续加强思政课教师的培训，用马克思主义中国化时代化的最新成果指导大中小学思政课教师开展思政课教学，用社会主义核心价值观涵养思政课教师，严格控制师德师风观，建设高素质的大中小思政课教师队伍。建设强有力的大中小思政课一体化教师队伍，需要建设大中小思政课教师互动交流学习平台。教育部于 2017 年牵头搭建了"全国高校思想政治理论教师网络集体备课平台"，"大思政课"建设要以此为基础，构建大中小思政课教师融通合作的思政课大平台，以集体备课为条件，促进大中小思政课教师互相学习和借鉴，推进大中小思政课的融通和融合。大中小思政课建设是一个循序渐进的过程，这个过程不可违背、不可逆转，要求大中小思政课教师相互帮助，以中小学思政课奠定高校思政课的建设基础，以高校思政课建设推动中小学思政课更加深化，形成大中小思政课承接性建设体系，实现大中小各阶段思政课建设资源的共享。建设强有力的大中小思政课一体化教师队伍，需要对大中小思政课教师进行联合培养和培训。

---

① 新华社. 习近平在中国人民大学考察时强调：坚持党的领导传承红色基因扎根中国大地 走出一条建设中国特色世界一流大学新路［EB/OL］.（2022-04-25）［2023-08-28］. https://www.gov.cn/xinwen/2022-04/25/content_5687105.htm?eqid=fd0e581000000f1f000000036464b7ba.

青少年正处于人生成长的"孕穗期",思政课在塑造他们世界观和人生观方面起到至关重要的作用,中小学思政课是构筑青年学生世界观和人生观的重要基础,如果中小学思政课建设不好,那么高校思政课的基础就会不牢固。对大中小思政课教师进行联合培养和培训的目的,就是要以正确的思想观念统领大中小思政课建设,加强大中小思政课教师之间的双向互动,打破大中小阶段思政课教学的壁垒,实现优势互补,进而实现大中小三个阶段思政课建设的有效衔接,将马克思主义的世界观、人生观和价值观贯穿始终,一以贯之推进"大思政课"建设。此外,建设强有力的大中小思政课一体化教师队伍,必须实现发达地区、较发达地区和欠发达地区之间的交流合作,实现大中小各阶段优质思政课资源的共享,实现"大思政课"建设资源在各个地域的合理配置。这意味着需要让中小学教师进入高校开展"大思政课"教学,也需要让高校思政课教师进入中小学开展"大思政课"教学,经常性持续性地开展大中小各阶段思政课的观摩学习,构建包含大中小各阶段思政课教师的一体化思政课教师队伍和教学团队。

推进大中小学思政课学段一体化建设。思政课学段一体化建设是"大思政课"建设的着力点之一。其目的在于打破思政课教学的学段界限,实现思政课教学与青少年价值观养成的连续性和贯穿性。大中小思政课学段一体化建设,要在"大思政课"建设总目标引领下,以马克思主义为根本意识形态指引,统筹推进、相互协作,建设大中小思政课学段一体化教学体系。大中小思政课学段一体化建设一是要坚持具体问题具体分析,要根据青少年成长的不同特点,遵循思政课建设的基本规律,制定有所区分、内容有别的思政课教学方法和模式,科学合理地设定大中小各阶段思政课建设基本目标。二是要立足全局,着眼长远,将阶段性目标和整体性目标相统一,破除"一刀切"的局限模式,实现大中小思政课建设的融会贯通,循序渐进、螺旋上升地促进大中小思政课学段一体化建设,按照思政课建设的内在客观规律推进"大思政课"建设。小学阶段思政课教育是"大思政课"建设的初始阶段,"小学阶段的思政课教学一般来说以感性教育为主，辅之以理性教育"①。小学阶段的思政课，应坚决避免空洞的理论说教，多选取典型案例，并借助生动多彩的故事开展思政课教学，注重打造沉浸式、体验式的思政课堂，以激发学生对思政课的兴趣和喜爱。小学阶段思政课教育重在进行思想道德教育，要引导学生爱祖国、爱人民、爱社会主义，从小立志向、有梦想，形成以爱国主义、集体主义、社会主义为价值内容的感性认知，"让社会主义核心价值观的种子在学生们心中生根发芽"②，实现德智体美劳全面发展。中学阶段思政课教育处于"大思政课"建设的过渡时期。一方面，青年学生由于知识的积累，更加理性化，对世界的认识更加清晰。另一方面，中学阶段是迈向大学教育的分水岭，尤其需要帮助青年学生树立正确世界观、人生观、价值观。中学阶段的"大思政课"教育，应避免重复小学阶段的内容，同时也要避免高深晦涩的抽象理论，要引导青年学生信仰马克思主义、学习马克思主义，在增加文化知识的同时加强思想文化修养，培育和践行社会主义核心价值观，实现"大思政课"建设的社会性和教育性的统一，为大学阶段的"大思政课"教育奠定基础。大学阶段思政课教育是"大思政课"建设的高级阶段。由于高校具有培养人才的专门化和职业化特点，所以划分成了综合类、理工类、师范类、艺术类等不同类型的大学。这些不同类型的高校，学生的学习研究任务不同，培养人才的方式方法不同，在思政课教育方面也存在一定差异。这一阶段学生的文化知识水平快速提高，逐渐成为理性的人，对未来既有憧憬又有迷茫，使得"大思政课"建设的困难增多，任务更加艰巨。大学阶段的"大思政课"教育要坚持不懈地用马克思主义和马克思主义中国化时代化的最新成果武装青年学生的头脑，坚持理论教育和实践教育相结合，既要增强学生的理论水平，也要锻炼他们的实践能力，避免"大

① 王晓宇. 新时代大中小学思政课一体化建设的几个着力点［J］. 思想理论教育导刊，2022，288（12）：116-120.

② 习近平. 思政课是落实立德树人根本任务的关键课程［J］. 求是，2020（17）：6.

思政课"教育流于形式,避免"大思政课"教育的空洞化和娱乐化,在授课过程中充分彰显教学内容的学理性和政治性,提升学生的判断能力、推理能力和政治敏锐力。

以"六要"为引领促进大中小学思政课内容一体化建设。课程内容是"大思政课"建设理念、思想、方针、政策的展开和具体化,深入推进大中小学思政课一体化建设需要重视大中小思政课内容的一体化,我们应牢记习近平总书记对政治要强、情怀要深、思维要新、视野要广、自律要严、人格要正的"六要"嘱托,打造全面完整的大中小思政课内容体系。推进大中小思政课内容一体化建设,必须统筹安排不同学段之间的课程内容,避免不必要的低级重复,提升大学阶段思政课的教学质量。"大思政课"建设要推进大中小思政课内容横向和纵向的延展融合,重点解决大中小思政课内容的重复问题,实现大中小思政课内容的有效衔接和顺利过渡,集中大中小思政课教师骨干统筹制定大中小思政课课程内容体系,根据不同阶段的思政课教学规律,结合实践要求和时代特点,形成具有各阶段特色的课程内容。大中小学思政课内容一体化建设,必须始终贯穿马克思主义,将马克思主义融入各阶段思政课程内容,以马克思主义保障和促进大中小思政课课程内容的贯通和衔接,确保"大思政课"建设不偏航、不脱轨。同时,要将青年学生个人理想与实现祖国富强和民族复兴的中国梦结合起来,厚植青年学生的爱国情怀和使命担当,确保大中小思政课课程内容的社会主义性质。大中小思政课内容一体化建设,要在课程设计、课程评价等方面下功夫,既要保证大中小思政课课程内容的层次性和系统性,也要保证大中小思政课课程内容的递进性和完整性。大中小思政课主管部门、马克思主义学院以及教师队伍,要把握大中小学思政课相似和相同主题的教学课程衔接,加强不同学段思政课教育教学协同合作,构建大中小学思政课课程设计相衔接的制度体系,实现课程设计的一体化,构建适用于大中小思政课的整体性评价体系和各学段特殊性的评价体系,改变唯分数论的传统观念,实现大中小思政课课程内容建设思维和视野的更新。"大思政课"建设要求大中小各学段思政课课程内容始终贯穿习近平新时代中国特色社会主义思想，用习近平新时代中国特色社会主义思想铸魂育人，用习近平新时代中国特色社会主义思想涵养教师队伍，构建政治过硬、素质较高、业务较强的大中小思政课教师队伍。此外，要善于将马克思主义、习近平新时代中国特色社会主义思想与社会实践相结合，根据时代发展变化的现实要求充实和丰富大中小思政课课程内容，根据学生的认知特点和"大思政课"建设规律，打造政治要强、情怀要深、思维要新、视野要广、自律要严、人格要正"六要"引领下各具特色的大中小思政课课程内容。

坚持大中小学思政课课程目标一体化建设。"我国社会主义教育就是要培养社会主义建设者和接班人。"[①] 大中小思政课课程目标一体化建设是深入推进大中小思政课一体化建设的内容之一。"大思政课"建设必须牢牢把握社会主义教育目标。首先，要制定贯穿于大中小思政课课程的整体性目标。作为贯穿各学段的思想性课程，"大思政课"是落实立德树人根本任务的关键课程，必须制定统领全局的整体性目标，以此为基础来塑造"大思政课"铸魂育人的内在价值。"大思政课"旨在培养合格的社会主义建设者和接班人，中小学是实现社会主义教育目标的基础阶段，在青年学生世界观、人生观、价值观的养成方面具有重大意义，要培养青年学生做社会主义建设者和接班人的理想信念和思想意识。至于大学阶段，由于专业的分化，各专业在培养人才的目标方面存在差异，"大思政课"成为培养社会主义建设者和接班人的思想引领课程。大学阶段所培养的人才最终要投身于中华民族伟大复兴的伟大事业，他们必须牢固树立马克思主义信仰，树立中国特色社会主义道路自信、理论自信、制度自信、文化自信，增强政治意识、大局意识、核心意识、看齐意识，做到坚定不移听党话，不忘初心跟党走。"大思政课"是保证大学阶段社会主义教育目标的关键课程之一。"大思政课"建设的整体性目标，有利于大中小思政课坚

---

① 习近平. 在北京大学师生座谈会上的讲话［M］. 北京：人民出版社，2018：6.

持我国社会主义教育的目标方向,实现对教育对象的全过程社会主义教育,筑牢铸魂育人的思想基础。其次,要制定适用于大中小各阶段的具体目标。虽然整体性目标具有宏观统领作用,但是"大思政课"建设本身也有内在客观规律,这决定了大中小思政课课程目标一体化建设必须制定各阶段的具体目标,科学合理地设定大中小思政课的课程目标,"及时更新教学内容、丰富教学手段,不断改善课堂教学状况,防止形式化、表面化"[①]。"大思政课"建设要根据青年学生的成长规律和实际需要,正确认识学生的发展规律和认知水平,了解学生的差异,根据学生的不同需求安排思政课教学,在整体性目标范围内制定大中小思政课的具体目标,以学生喜闻乐见的方式提升他们的文化素养和道德品质,充分发挥思政课的引导作用。同时,需要注意做好各阶段课程目标的有效衔接,实现"大思政课"建设目标的循序渐进。虽然大中小思政课各阶段的具体目标存在差异,但它们之间存在强烈的逻辑关联,最终的目标指向是一致的。"大思政课"建设必须将大中小思政课整体性目标和具体性目标结合起来,以整体性目标统领全局,以具体性目标规划内容,通过课程目标的一体化建设,推动大中小思政课的一体化建设,实现"大思政课"建设的社会主义育人目标。

三、多措并举创新工作机制

"大思政课"建设的目的之一是实现人的自由全面发展,回答好"培养什么人、怎样培养人、为谁培养人"这个根本问题。为此,必须多措并举创新工作机制,使"大思政课"真正成为培养担当民族复兴大任时代新人的思想政治教育理论课。

持续深入开展"大思政课"综合改革试点。随着时代发展变化和科学

---

① 习近平. 思政课是落实立德树人根本任务的关键课程[J]. 求是,2020(17):6-7.

技术发展速度的加快，"大思政课"涉及的各方面对象的实际需求也在不断变化，传统的教学方法已经不能完全满足时代要求，持续深入开展"大思政课"综合改革试点早已是"大思政课"建设的必然要求和时代责任。持续深入开展"大思政课"综合改革试点，要加强思政课组织领导。"大思政课"省级教育主管部门要担负起意识形态工作责任，认真做好"大思政课"建设的组织工作和督促检查工作。各高校要加强党委统一领导，落实领导班子责任制，加强与其他兄弟院校的交流合作，协力打造共建共享的思政课教研平台。各高校要不断加强思政课教师培训，配齐配全专兼职思政课教师，开展跨学校、跨地区的集体备课学习分享会，确保"大思政课"教育资源得到充分利用。持续深入开展"大思政课"综合改革试点，要根据"大思政课"建设一般规律和青年学生成长规律，科学合理设置大中小思政课课程体系，不仅要区别大中小思政课课程体系，而且要注意区分本科生和研究生、普通高校和高职院校，以不同群体为导向设置相应的课程体系，并优化课程评价体系，建设"大思政课"多样化考评体系。各高校要特别注意推进"大思政课"理论和实践的结合，规范思政课的实践教学，确保理论和实践相统一，综合考察青年学生的政治理论素质和思想文化素质。持续深入开展"大思政课"综合改革试点，要推动思政课课程内容改革，重点强化习近平新时代中国特色社会主义思想进教材、进课堂、进头脑。各高校应自觉践行习近平总书记提出的"六项要求"和"八个统一"，深入研究教学规律，改进教学方法，提升教学效果，让思政课成为一门学生真心喜欢、终身受益的课程。要在现有课程内容的基础上，深入推动专题教学和实践教学相结合，以第一课堂为基础，加强"第二课堂"建设，使课程内容更好地与社会实际相结合，用生动鲜活的当代中国实践推动"大思政课"课程内容更加完备。持续深入开展"大思政课"综合改革试点，要改进思政课教学方法，完善教材体系建设。传统的思政课教学方法多为满堂灌、填鸭式教学方法，重视对于学生的理论灌输。"多样而恰当的教学方法的运用不仅不会使学生感到思政课学习的枯燥无味，而且还能使他们在学习中体会到强烈的人生意义和获得感，从而达到积极的教学效果。"① "大思政课"建设背景下，思政课要创新教学方式和方法，形成以研讨会法、案例分析法、实践调查法为主要内容的学生自主学习方法，借助新媒体技术采用慕课教学、视频教学、图片教学，针对学生思政课学习中普遍关心的社会热点问题和重难点问题，以辩论、交流等形式进行答疑解惑。各高校要以马工程统编教材为依据，开展辅助教材的建设，将优秀的教学案例和典型社会案例编入辅助教材，构建以优质思政课课件、教学案例、示范课堂为内容的网络电子资源和信息库，及时跟进补充和修订教材内容，构建权威性、生动性、时代性和社会性相统一的大中小思政课立体化教材体系。

全面推进高校课程思政建设。 高校课程思政建设是深入贯彻习近平总书记关于教育的重要论述和全国教育大会精神、落实立德树人根本任务的战略举措。各高校应根据不同课程的特点和育人要求，区分基础课、专业课、实践课，并有针对性地修订培养方案，以便更有侧重地开展思政课教学。还应结合学科专业特点进行分类推进课程思政建设。根据不同学科专业特点和育人目标，明确文史哲类、经管法类、教育学类、理工类、农学类、医学类、艺术类等七类专业课程的课程思政建设主要内容，并要求将其有机融入课程教学。高等职业学校也应根据高职专业的分类和课程设置情况进行分类推进。要推动课程思政全程融入课堂教学建设。课程思政建设工作应贯穿于课程教学的各个方面，贯穿于人才培养的各个环节。高校应着力健全课堂教学管理体系，推进现代信息技术在课程思政教学中的应用，并综合运用第一课堂和第二课堂，努力拓展课程思政建设的方法和途径。应着力提升专业教师的课程思政建设能力。通过建立健全优质资源共享机制，促进优质资源在不同区域、层次、类型的高校间共享共用。开展专题

---

① 李巧针. 新形势下高校思政课教学面临的新困境与改革思路［J］. 北京教育（高教），2020（3）：49.

培训，提升教师课程思政建设的主动性。鼓励学校将课程思政纳入教师的岗前培训、在岗培训以及师德师风、教学能力专题培训，建立课程思政集体教研制度。针对课程思政建设中的重点、难点和前瞻性问题，加强系统研究，完善课程思政建设的评价激励机制。应建立健全多维度的课程思政建设成效考核评价体系，将课程思政建设的成效纳入"双一流"建设监测与成效评价、学科评估、本科教学评估、一流专业和一流课程建设、专业认证、职业教育"双高计划"评价以及高校教学绩效考核等评价考核体系中。在教学成果奖、教材奖等各类成果的表彰奖励工作中，要突出课程思政要求，加大对课程思政建设优秀成果的支持力度。全面推进高校课程思政建设，各高校应树立课程思政理念，拓展"大思政课"建设的基本路径，转变传统的思政课建设观念，构建协同创新、共建共享的"大思政课"平台，课程思政教师队伍应坚持正确的价值观念，主动拥抱新技术、新媒体，使教学实践和课程思政建设相互促进。他们既应成为培养社会主义建设者和接班人的榜样，也应注重塑造青年学生的正确世界观、人生观和价值观；既要提高自身课程思政建设的能力，也要提升青年学生的社会实践能力。整体来看，课程思政建设要形成从学校到学院、从课程到专业、从专兼职教师到课程思政教师群体的宏观团队，确保顶层设计和基层实践的融通融合，以课程思政建设带动"大思政课"建设工作机制的创新发展。

持续开展思政实践教学活动。习近平总书记指出："'大思政课'我们要善用之，一定要跟现实结合起来。"[①] 这就要求"大思政课"建设必须持续开展思政活动，结合实践发展新的要求，开展丰富多彩、形式多样的思政活动，打造"行走的'大思政课'课堂"，深入开展"大思政课"实践教学活动。首先，"大思政课"作为一门理论性较强的人文学科，与时代发展和当地生活密切相关，要求"大思政课"建设应充分挖掘湖北地

---

① "'大思政课'我们要善用之"（微镜头·习近平总书记两会"下团组"·两会现场观察）［N］．人民日报，2021-03-07.

区的历史文化资源和人文实践活动，因地制宜地开展思政实践教学活动。要善于利用博物馆、艺术馆等开展思政参观活动，利用相关工厂、医院、社区等深入开展思政调研活动，将课堂理论与社会实践有机结合，形成具有特色的"大思政课"实践教学活动，让思政课教师在实践教学活动中提高理论讲解能力，让青年学生在实践教学活动中提高社会实践能力。因为思政实践活动的覆盖面广泛，因此，"大思政课"实践教学活动必须有充足的实践资源和条件保障。这就要求各学校统筹规划思政课实践教学活动，协调校内外各种单位和机构，促进学校与其他部门的协同合作，形成长期的大思政课实践教学战略合作。思政课教师可以将实践教学活动与研究性学习、职业规划指导、社会实践等相关内容整合在一起，定期组织学生深入社区、医院、福利院、工厂等开展志愿服务和社会实践，走进军营、深入农村开展社会实践活动，充分利用活动场地、基地等资源，同步推进校外探究、社会调查、职业体验、动手设计制作等工作。另外，湖北地区历史文化悠久，有着众多丰富多彩的民间风俗和风景优美的自然景观，这些资源可以开发成生态文明实践教育、农业教育、劳动教育等不同主题的实践课程，丰富思政实践教学活动的内容和形式。其次，开展思政课实践教学活动必须建立科学合理的实践教学活动评价体系。实践教学活动评价体系是"大思政课"开展实践教学活动的保障，有效的实践教学活动评价体系能够调动教师和学生参与思政实践教学活动的积极性和主动性。要制定规范合理、科学有效的评价标准。评价标准的内容主要包括思政实践教学活动设计的规范性以及是否能够实现预期的思政课社会实践教学目标。在对学生参与实践育人活动的评价中，需要考虑多方面的因素，除了关注学生参与的实际课时和出勤率，以及他们提交的实践报告和心得体会等材料外，还应关注学生在实践过程中表现出的创新精神、实践能力、政治素养和社会责任感等方面的变化情况。在评价过程中，可以采用定量分析的方法对相关指标进行量化统计，并结合定性评价进行综合评估，以更全面、准确地了解学生参与实践活动的实际收获和成长情况。评价内容要做到全面具体。思政实践教学活动必须转变以往过于强调评价的甄别选拔功能和对学生理论知识掌握情况的重视，而突出活动教学的动态特性和对学生能力和情感发展的关注。评价主体要实现多元化。我们需要改变对教师权威的过度关注，不应将教师视为唯一评价主体，必须建立多元化的评价主体，将参与思政实践教学活动的学生纳入其中，形成学校视角、社会视角、家长视角在内的多位评价视角，结合社会实践发展情况不断完善思政实践教学活动评价体系，建设多元化、多主体、多视角为特征的"大思政课"思政实践教学活动评价体系。

构建课程思政和思政课程协同育人新机制。习近平总书记指出："其他各门课都要守好一段渠、种好责任田，使各类课程与思想政治理论课同向同行，形成协同效应。"[①]课程思政和思政课程有着相同的育人目标和价值指向，二者的协同机制能够打破专业隔阂，深挖"大思政课"建设资源，要求"大思政课"建设必须构建课程思政和思政课程协同育人新机制。首先，要加强"大思政课"建设顶层设计，完善协同创新模式。一方面，要建立上下联通、左右连贯、多元协同模式，使湖北地区各学校相互协作，使各学校内部各部门、科研单位、思政课教师密切配合，明确课程目标，探索完善实施方案，根据现实需要搭建沟通交流的学术平台。另一方面，要构建课程思政与思政课程协同机制。各学校应将思政课程作为思想政治教育的重要基础，针对不同专业、学科特点，精准定位教学需求，对课程思政教育内容进行优化，以现阶段思政教学实践为基本参考，促进课程思政与思政课程的教育联动，奠定"大思政课"一体化建设的坚实基础。其次，要加强思政教师队伍的协同合作。思政课教师是"大思政课"建设的主体，"主体协同是关键，要求从全员育人的角度出发，充分发挥育人主体的积

---

① 习近平在全国高校思想政治工作会议上强调：把思想政治工作贯穿教育教学全过程 开创我国高等教育事业发展新局面［N］．人民日报，2016-12-09（1）．

极作用，加强主体之间的团结协作，形成有效的育人合力"[①]。思政课教师和专业课教师都应坚持立德树人的教育导向，以培养合格的社会主义建设者和接班人为目标，不断提高自身理论素养和专业素养，他们要坚持正确政治方向，传播马克思主义的世界观、人生观、价值观，以社会主义核心价值观涵养青年学生，确保课程思政和思政课程育人目标的一致性，为"大思政课"的建设营造良好的社会环境。同时，思政课教师和专业课教师应主动开展同其他学校、其他学院、其他专业教师的合作交流，打破专业局限，利用座谈会、研讨会、分享会等方式加强交流学习，形成不同学科相互促进、取长补短的协同育人新局面，以思政课程引领课程思政的正确价值观，以课程思政丰富思政课程的现实内容，弥补教学资源，真正实现思政课程和课程思政协同育人。其次，要结合学生特点创新课程思政与思政课程的教育方法。不同学段的青年学生有着各自的特点，大学阶段不同专业的学生也有不同特点，只有因地制宜开展课程思政与思政课程教育，创新课程思政与思政课程教育方法，才能真正实现课程思政与思政课程协同发展。要按照学生特点和学科特点，推动教学方式和教学手段的转型升级，将思政课程显性教育和课程思政隐性教育结合起来，改革思政课程和课程思政教育模式，实现协同育人教育资源的共建共享。要善于利用新媒体和数字技术，创新课程思政与思政课程的教育方法，打造场景式、沉浸式课堂，以提升课程思政与思政课程协同育人效果。

---

① 张梦. 课程思政和思政课程协同育人存在的问题及提升路径［J］. 广东石油化工学院学报，2023，33（2）：76.

附　录

湖北高校推进"大思政课"建设现状调查研究

第一部分　基本信息

1. 您的性别是？

A. 男　　　　　　　B. 女

2. 您的年龄是？

A. 20–30 岁　　　B. 31–40 岁　　　C. 41–50 岁　　　D. 51 岁及以上

3. 您目前担任的工作是？

A. 专（兼）职思政课教师　　　　B. 大学专业课教师

C. 党政教辅以及管理人员　　　　D. 其他（请注明）_____

4. 您的职称是？

A. 教　授（或正高职称）　　　　B. 副教授（或副高职称）

C. 讲　师（或中级职称）　　　　D. 助　教（或初级职称）

E. 其他（请注明）_____

5. 您的教学经验是？

A. 5 年及以下　　　　　　　B. 5-10 年

C. 10-15 年　　　　　　　　D. 15 年及以上

第二部分　湖北高校推进"大思政课"课程主渠道建设现状与问题

1. 您对目前湖北高校主渠道思政课（即《马克思主义基本原理》《中国近现代史纲要》等五门传统大学思政课堂）建设的总体评价是？（单选）

满意度	非常满意	满意	一般	不满意	非常不满意
您对目前湖北高校主渠道思政课建设的总体评价是？（单选）					

2. 您对目前湖北高校主渠道思政课（以下 6 个方面）的看法是？

类别／满意度	非常满意	满意	一般	不满意	非常不满意
1）党的创新理论研究阐释和教育教学的自主知识体系					
2）思政课课程群					
3）思政课教材体系					
4）课堂教学内容					
5）课堂教学方法					
6）教学评价体系					

3. 在推进"大思政课"课堂教学优化的过程中，您认为当前存在的主要问题是什么？（排序题）

A. 党的创新理论融入程度欠缺

B. 思政课课程体系建设不够完备

C. 教学内容与学生需求不够契合

D. 教学方法和教学手段不够创新

E. 教学评价体系建设缺乏科学性

4. 您认为在完善主渠道思政课教学中，学校应该采取哪些措施提升教学效果？（多选）

A. 优化课程设置，完善课程体系

B. 丰富课程内容，促进课堂互动

C. 创新教学方法，提高教学质量

D. 革新评价体系，提升教师素质

E. 其他，请注明：＿＿＿＿＿＿

5. 您对改革创新"大思政"课程主渠道建设的期待是什么？请分享您的看法或建议。

＿＿＿＿＿＿＿＿＿＿＿＿＿＿＿＿＿＿＿＿＿＿＿＿＿＿＿＿＿＿＿＿＿

第三部分　湖北高校推进"大思政课"实践育人建设现状与问题

1. 目前，湖北高校推进"大思政课"实践育人建设方面的效果如何？（　）（单选）

A. 很好，能够有效实现思政教育的目标

B. 较好，但还存在一些需要改进的方面

C. 一般，需要进一步提升实践教学效果

D. 不够理想，需要大幅度改进和提升

E. 其他，请注明：＿＿＿＿＿＿

2. 您在思政课实践教学中要求学生完成的实践形式是？（　）（多选）

A. 经典著作阅读　　　　　B. 社会调查研究

C. 志愿服务活动　　　　　D. 红色主题参访

E. 聆听各类讲座   F. 其他，请注明：＿＿＿＿＿

3. 在思政小课堂与社会大课堂有机结合的实践中，目前存在哪些主要问题或挑战？（ ）（多选）

A. 学生实践活动参与度不高

B. 理论教学与实践教学结合不够

C. 学校与社会资源合作机制不完善

D. 红色实践基地建设不够完备

E. 其他，请注明：＿＿＿＿＿

4. 湖北高校推进"大思政课"实践育人建设的过程中，学校应该采取哪些措施以取得更好的效果？（ ）（多选）

A. 调动学生参与社会实践的积极性和主动性

B. 提高教师实践育人的理解水平和教学能力

C. 加强实践教学与课堂教学内容的融合设计

D. 增进学校与社会资源合作，提供更多实践资源支持

E. 更好建设和利用红色实践基地

F. 其他，请注明：＿＿＿＿＿

5. 在思政课实践教学的多种形式中，您更喜欢哪些？（ ）（多选）

A. 思政教师引导的课堂实践，如主题演讲、案例讨论等

B. 思政教师带队在校外开展实践教学

C. 学生按要求自行组队开展社会调查

D. 参与以网络为平台的实践教学活动，如远程学习、在线课堂等

E. 其他

第四部分　湖北高校推进"大思政课"教育信息化建设现状与问题

1. 目前贵校在推进"大思政课"教育信息化建设方面采取了哪些措施？
（　）（多选）

　　A. 设置思政课教研系统

　　B. 搭建智慧教育平台

　　C. 构建思政课教学资源库

　　D. 推广网络教育宣传云平台

　　E. 其他，请注明：＿＿＿＿＿＿

2. 您认为教育信息化建设对于提高学生的学习效果和参与度效果如
何？（　）（单选）

　　A. 非常好，能够有效传达思政教育内容

　　B. 较好，但还存在一些需要改进的方面

　　C. 一般，需要进一步提升信息化教学效果

　　D. 不够理想，还需要大幅度改进和提升

　　E. 其他，请注明：＿＿＿＿＿＿

3. 在推进"大思政课"教育信息化建设过程中，贵校面临的主要问题
是什么？（　）（多选）

　　A. 思政课教研系统运行不畅

　　B. 智慧教育平台建设不足

　　C. 思政课教学资源库匮乏

　　D. 网络教育宣传云平台缺失

　　E. 其他，请注明：＿＿＿＿＿＿

4. 在推进"大思政课"教育信息化建设中，您认为学校应该如何利用

现代技术促进思政教育的创新和发展？（ ）（多选）

A. 开设在线思政课程和虚拟学习平台

B. 利用移动 App 提供思政学习资源和互动工具

C. 利用人工智能技术实现个性化的思政教育指导

D. 利用大数据分析学生学习情况，提供针对性的教学措施

E. 建立在线社群和讨论平台，促进师生之间的交流和合作

F. 其他，请注明：_____

5. 您喜欢哪些借助信息化技术的思政课教学方式？（ ）（多选）

A. 运用慕课、智慧树等线上教学平台

B. 使用雨课堂、超星学习通等智慧教学工具

C. 建立思政课专属网络社群与学生实时互动

D. 创建思政课教师公众号、抖音号等，增加宣传与反馈

E. 其他，请注明：_____

6. 您认为湖北高校在推进"大思政课"教育形式建设中应该加强哪些方面的支持？（ ）（多选）

A. 教师信息化素养的培训和专业发展

B. 教学方法和手段的创新与改进

C. 学生参与信息化教学活动的引导与培养

D. 提供更多在线教育资源和设施支持

E. 其他，请注明：_____

第五部分　湖北高校推进"大思政课"师资队伍建设现状与问题

1. 您对当前湖北高校"大思政课"相关师资队伍的整体素质评价是什么？（单选）

A. 好，具有完备的专业知识和卓越的教学能力

B.较好，但仍存在一定的改进空间

C.一般，需要进一步提升师资队伍的素质

D.不够理想，师资队伍亟须改进和提升

E.其他，请注明：＿＿＿＿＿＿

2.您对贵校"大思政课"师资队伍建设整体状况是否满意？（单选）

满意度	非常满意	满意	一般	不满意	非常不满意
您对贵校"大思政课"师资队伍建设整体状况是否满意？					

3.您认为思政课的教师应该具备哪些素质？（限选三项）

A.丰富的知识储备

B.严谨的教学态度

C.亲和力强的教学风格

D.多元的教学方式

E.具有丰富的社会实践经验

F.具有创新思维

G.具有国际视野

4.在推进"大思政课"师资队伍建设过程中，您认为当前存在的主要问题是什么？（多选）

A.师资队伍引进体制存在漏洞

B.师资能力培训及支持措施不够

C.师资队伍人才评价体制不健全

D.人才激励机制不足

E.队伍团队建设不到位

F.师资退出机制缺失

G.其他，请注明：＿＿＿＿＿＿

5.在推进"大思政课"师资队伍建设中，您认为学校应该如何提供更好的支持和资源？（多选）

A.严把教师队伍入口关

B.提供更加完善的师资培训

C.加大力度资助相关课题研究

D.优化职称评定等人才评价体制

E.优化评奖评优等考核环节

F.建立专门的教师发展基金和奖励制度

G.加强教学研讨、学术交流等活动

H.建立师资退出机制

I.其他，请注明：＿＿＿＿＿＿

湖北省推进大中小学"大思政课"一体化建设现状与问题

第一部分 基本信息

1. 您的性别是？

A. 男　　　　　　B. 女

2. 您的年龄是？

A.20—30 岁　　　　B.31—40 岁　　　　C.41—50 岁　　　　D.51 岁及以上

3. 您目前担任的工作是？

A. 专（兼）职思政课教师　　　　B. 大学专业课教师

C. 党政教辅以及管理人员　　　　D. 其 他（请注明）＿＿＿＿＿＿＿

4. 您的职称是？

A. 教　授（或正高职称）　　　　B. 副教授（或副高职称）

C. 讲　师（或中级职称）　　　　D. 助　教（或初级职称）

E. 其他（请注明）＿＿＿＿＿＿＿

5. 您的教学经验是？

A.5 年及以下　　B.5—10 年　　　　C.10—15 年　　　　D.15 年及以上

第二部分　湖北高校推进大中小学"大思政课"一体化建设现状与问题

1. 您认为当前湖北高校推进大中小学"大思政课"一体化建设的现状如何？（单选）

　　A. 好，取得了显著成效　　　　　B. 较好，仍有改进空间

　　C. 一般，面临较大困难　　　　　D. 差，工作进展缓慢

　　E. 不太清楚

2. 您认为湖北高校在推进大中小学"大思政课"一体化建设中哪些方面的工作让您满意？（限选三项）

　　A. 加强教学指导和支持　　　　　B. 完善教材和教学资源

　　C. 组织教师培训和交流活动　　　D. 评估和监督教学质量

　　E. 其他，请注明：_____

3. 您认为目前湖北高校在推进大中小学"大思政课"一体化建设中存在的主要问题是什么？（多选）

　　A. 课程体系不够完整

　　B. 教材设置不够合理

　　C. 大中小学之间的合作与协调不足

　　D. 组织管理有待加强

　　E. 教学方法不够多样

　　F. 师资力量不够充足

　　G. 评估机制有待完善

　　H. 其他，请注明：_____

4. 您认为在推进大中小学"大思政课"一体化建设中需要哪些方面的支持？（多选）

　　A. 课程体系建设与完善

B. 教材编写与实时更新

C. 加强大中小学沟通合作

D. 完善组织管理

E. 加强师资队伍建设

F. 优化评价体系

G. 其他，请注明：＿＿＿＿＿＿＿＿

5. 您对湖北高校推进大中小学"大思政课"一体化建设的未来发展有何期望或建议？（主观题）

＿＿＿＿＿＿＿＿＿＿＿＿＿＿＿＿＿＿＿＿＿＿＿＿＿＿＿＿＿＿＿＿＿